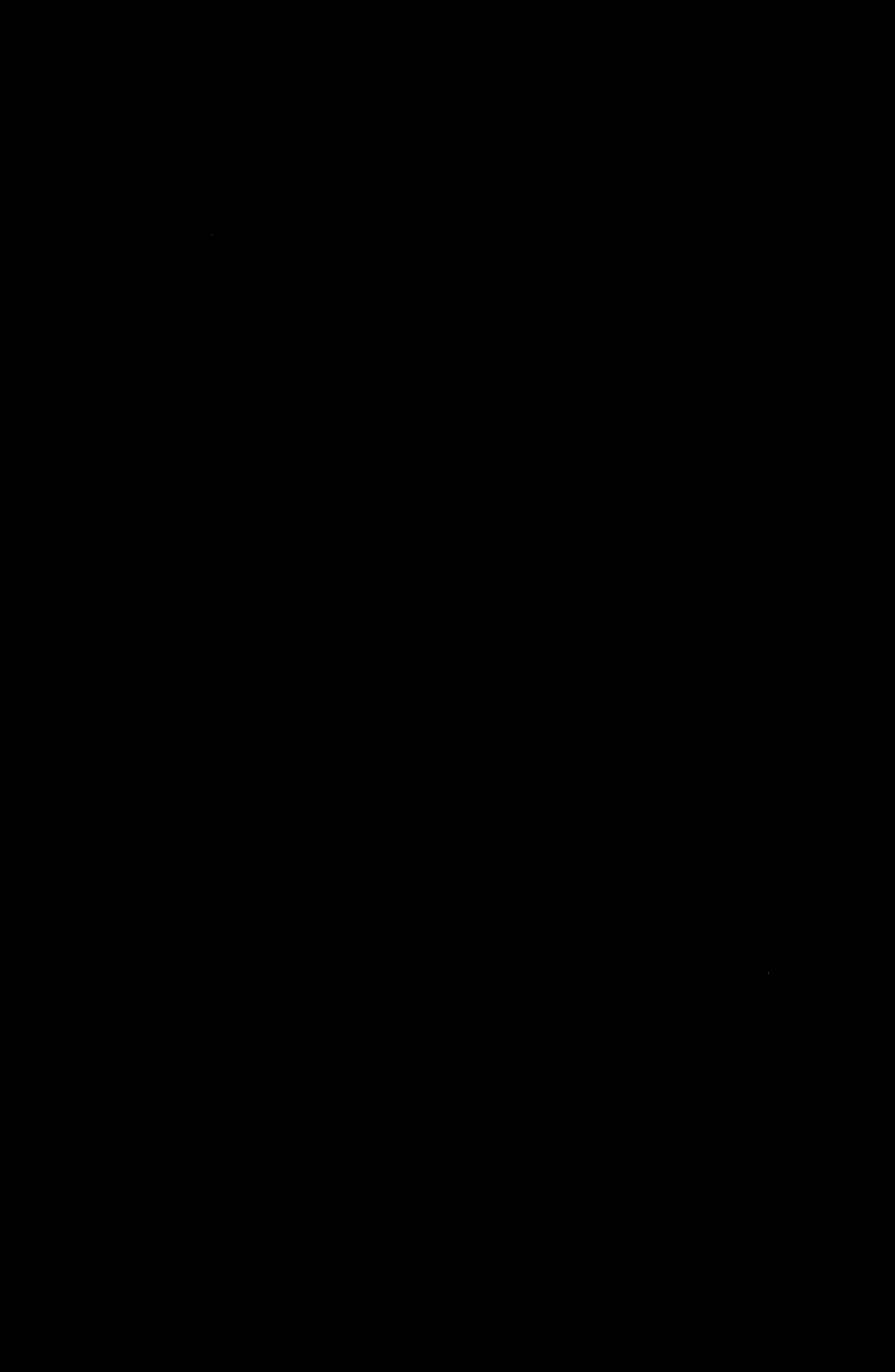

连接更多书与书,书与人,人与人。

世界500强人力资源总监管理手记

范珂 著

图书在版编目（CIP）数据

世界500强人力资源总监管理手记 / 范珂著. —— 北京：当代世界出版社，2017.11
ISBN 978-7-5090-1293-2

Ⅰ. ①世… Ⅱ. ①范… Ⅲ. ①人力资源管理-文集 Ⅳ. ①F243-53

中国版本图书馆CIP数据核字（2017）第285833号

世界500强人力资源总监管理手记

作　　者：	范珂
出版发行：	当代世界出版社
地　　址：	北京市复兴路4号（100860）
网　　址：	http://www.worldpress.org.cn
编务电话：	（010）83908456
发行电话：	（010）83908409
	（010）83908377
	（010）83908423（邮购）
	（010）83908410（传真）
经　　销：	全国新华书店
印　　刷：	北京凯达印务有限公司
开　　本：	710mm×1000mm　1/16
印　　张：	17.25
字　　数：	260千字
版　　次：	2018年6月第1版
印　　次：	2018年6月第1次印刷
书　　号：	ISBN 978-7-5090-1293-2
定　　价：	49.90元

如发现印装质量问题，请与承印厂联系调换。
版权所有，翻版必究，未经许可，不得转载！

自序

当初，我抱着探索现代企业管理真谛的念头，离开工作已满七年的政府招商引资岗位，前往美国纽约州康奈尔大学劳工关系学院攻读人力资源硕士学位。

我在学校选修的第一门课是人力资源管理与业务战略（HR and Business Strategy）。然而，开学第一天，教授并没有讲关于HR的基本概念，而是邀请来一位校友，时任美国花旗集团（Citi Group）的HR副总裁，为我们讲述他是如何在花旗把公司的业务战略转化为人力战略的。

在接下来的一学期里，我们在课堂上又接触了更多来自世界500强、已经做到HR高管职位的校友们，听他们讲述人力资源的管理之道。一学期下来，我对这门课不免有些失落。要知道，我是抱着学习HR"干货"的念头来听课的，希望能学会一些拿来即可用的东西。对于这些战略、业务之类的话题，我甚感无聊。

劳工关系学院开设的其他HR课程，大多也以这种思维和意识的培养为主，包括组织行为学、知识管理学等。当时，我还选修了商学院的几门课，包括Excel制表和商务写作等。我觉得，学HR的那些理论课，还不如商学院的这几门技术课来得更实用。

令我没有想到的是，在学校里学到的那些HR思维，在我后来的职场工作中发挥了巨大的作用，屡屡帮助我从同行中间脱颖而出。

世界 500 强
人力资源总监
管理手记

从康奈尔毕业后，我先后在两家世界 500 强公司美国总部工作，之后回到国内，进入民企和外企担任人力资源总监职务。

在亲身经历职场之后，我才开始意识到当年学校开设那些课程的良苦用心。其实，掌握一门战术很容易，但是要培养一种全局意识和战略思维却很难。康奈尔当初开设的那些课程，就是希望从一开始就帮助每名学生提升自己的思维意识，避免只见树木、不见森林。教授们所做的，正是借助学校的优势资源，来一步步地拔高学生们的战略意识高度。

我发现，今天中国很多的 HR 身上，依然欠缺这种意识。尽管大部分人都很聪明，但是因为每天被身边的工作任务缠身，无暇跳出来以更高的视角看问题。而一旦有人给他们指出这些问题，他们便会瞬间恍然大悟，迅速调整自己回到个人职业发展的正常轨道上来。

这种现象见得多了，我便产生了一个想法：希望凭借自己过去十几年在不同文化环境下的工作经历，从中提炼出一些对中国的 HR 们职业成长有用的东西，或者至少可以帮助缩短中国 HR 与美国那些我所接触过的、优秀的 HR 们之间的距离。

2016 年春天，我开设了个人微信公众号"行走的帆"，希望借此形式来传播我所理解的 HR 理念。截至今天，累计发表文章上百篇，总计超过数十万字，其中大量文章被媒体或其他公众大号转发，多篇文章创造了上万阅读量的成绩。

在写作的同时，我也得到了以下意想不到的收获：

第一，生活自律，不断精进。

当我开始写作之后，才发现这并不是一件易事。尤其在今天被各种社交网络包围轰炸的环境下，要安下心来写一篇文章，绝非易事。而且，每次写文章，也不是一坐下来马上就文思泉涌。你可能需要提前去查资料、做笔记。每篇文章的发布也都要经过立意、写稿、修改、编辑、排版等步骤，每一步都需费时费力。只有当你具备了自律的生活和工作习惯之后，才有可能在工作之余抽出宝贵的时间，定期写出一篇又一篇高质量的文章。

第二，及时总结，深度思考。

不写作的时候，每天的所见所闻，过去就过去了；开始写作之后，渐渐养成对每个细节都会关注的习惯。不管是读过的一页书，还是听到别人说的一句话，随时都可能停下来琢磨半天，甚至可能去和别人探讨，最后还要想办法把它落到纸面上，直到把每一个问题吃透。不知不觉间，自己养成了凡事都深度思考的习惯。

第三，拓宽社交，扩大影响。

公众号写作还帮助我打开了新的一扇窗。因为我的文章被各种渠道传播，我逐渐认识了来自四面八方的HR朋友，圈子无限扩大。他们有外企的，也有民企的；有做HR的，也有非HR领域的；有来自国内的，也有来自海外的。

从他们身上，我接触到了更多的信息，思路也被大大拓宽。我写过的一些文章，其灵感就是来自和这些朋友的日常讨论。他们中的一些人，才华横溢，在我的邀请下，后来也陆续给"行走的帆"投稿。其中一些好文也被收录在本书之中。

中国的人力资源管理水平和西方发达国家相比，还存在不小的差距。想要实现我当初的梦想，尚需时日。一个人走得快，一群人走得远。在未来前进的路上，让我们携手前行。

范珂

2018年1月于上海

目录

自序 / I

组织发展篇 / 1

管理的秘诀其实很简单 / 3
打造无边界组织，突破能力和思维的边界 / 8
这家明星企业是靠什么把一支多国团队凝聚起来的？ / 11
敬业文化是这个时代组织取得成功的法宝 / 17
领导力培训效果差，怎么办？ / 22
为什么阿拉伯军队不擅长打现代战争？ / 26
当我们说管理基础不好的时候，说的究竟是什么？ / 32
培训内外表现迥异，问题出在哪里？ / 42
HR 三支柱搭建和协同之经历者视角 / 47
用一个小案例揭示组织变革成功的奥秘 / 54

人才管理篇　/ 59

人才盘点和继任者计划的若干细节问题　/ 61

雅虎 CEO 在人力资源管理方面犯了哪些错误？　/ 66

如何增加招到优秀人才的可能性？　/ 71

HR 应该如何为企业并购带来价值？　/ 76

HR 的巡访都需要做些什么？　/ 83

如何成为一名激发潜能的管理者？　/ 87

HR 如何在关键谈话中成为谈话高手？　/ 92

面试中如何把问题问得"稳、准、狠"？　/ 97

我是如何通过招聘把员工流失率从 57% 降到了 19%？　/ 102

如何对员工进行有效的心理干预和引导？　/ 111

万字干货：如何快速、批量地招聘和复制成功型销售团队？　/ 120

薪酬管理篇　/ 137

让薪酬设计获得成功的四个秘诀　/ 139

设计好年终奖，踏实过完一年　/ 143

面对老员工工资日益高涨，企业该怎么办？　/ 147

如何通过设计，让奖金分配更合理？　/ 152

如何逐级设计绩效奖金的公司、部门及个人系数？　/ 156

HR 如何从零开始实施年底调薪（1）——调薪依据　/ 161

HR 如何从零开始实施年底调薪（2）——数据选取　/ 166

HR 如何从零开始实施年底调薪（3）——预算管理　/ 171

标杆学习篇 / 175

近距离接触硅谷互联网公司——HR 赢在哪儿? / 177
让我印象深刻的两场组织发展分享 / 183
一个高盛叛逆者眼中的高盛人力资源管理 / 187
美军是如何向对手学习打造无边界组织的? / 191
GE 克劳顿大学参访笔记 / 196

读书笔记篇 / 201

春风十里,不如职场有"你" / 203
首先管理好你的精力,而不是时间 / 207
读完这篇,其他关于谈话术的文章可以不用看了 / 211
将你的读书速度提高 10 倍的心法 / 215
如何聪明地学习? / 222
怎样用肢体语言去改变我们的思想? / 227
高管跳槽成功的正确姿势 / 233

职场随想篇 / 239

不要再相信碎片化学习的鬼话,先从搭建知识体系开始 / 241
什么样的 HR 认证课程值得推荐? / 245
HR 的责任止于何处? / 249
动荡时期的 HR 应该做些啥? / 254
每个 HR 都应该看特朗普的《学徒》—— 学习商业的最基本要素 / 257

组织发展篇

管理的秘诀其实很简单

> 管理者们日常最重要的工作是人才管理,他们与其把时间花在别的地方,还不如多花一些在这方面。要想改善管理,还是先从脚下做起,把每件最简单的事情先用高标准来要求,再坚持做下去。

每天微信圈里关于管理的文章层出不穷,随时可能遇到各种刷屏,今天学德鲁克,明天学韦尔奇;今天学华为,明天学BAT。

但是,现实中的许多企业,为什么到头来管理还是搞不好?上周在拜访了一家企业之后,我仿佛终于找到了问题的答案。

先来看看这家企业所取得的成绩:这是家总部位于美国的外企,但是今天却发展得越来越像一家中国企业。

中国区高层几乎清一色的本地人,中国区业务量目前已超过公司在全球业务量的50%,凭着中国业务的骄人业绩,公司已经成长为全球行业内的佼佼者。五年里,公司在美国股市上的价格增长了六倍,超过同期标普指数的两倍。

再看公司在人力资源方面取得的成绩:中国区已经拥有近万名员工,尽管数量庞大,但公司在人员管理上依然能够做到有条不紊、驾轻就熟。

中国区员工在工作中的幸福感超强,在公司全球的年度员工敬业度调研中稳居榜首。中国公司所在城市的居民、政府官员和代理商们都以自己的子女能进入这家企业工作而自豪。

他们怎么做到的？

通过和这家企业的人力资源负责人交流，答案出乎意料的简单：把简单的管理工作长期坚持不懈地做好。

围绕着这句话，谈谈当天给我印象最深的几个方面。

| 价值观 |

一家基业长青的企业，必定是建立在领导层坚定不移的价值观信念之上的。这家企业也不例外。和很多企业抓价值观只会喊口号不同，这家公司一丝不苟地把价值观建设做到了让员工看得见、摸得着。

该公司的价值观就是"四个满意"：客户满意、股东满意、员工满意和社会满意。我在公司参观的时候，看到在广场上和主干道两旁，迎风飘扬着很多大旗，旗上面赫然写着"2017价值观推动活动第一季"。

在公司前台，除了关于价值观的标语，还醒目地放着好几个大的投票箱，鼓励员工为本次价值观推动活动投票，奖项包括客户满意奖、产品创新奖、环保贡献奖等。员工人人可以投票，每人最多可以获得两个奖项。

步入公司食堂，两侧的长廊上也贴着曾经获奖员工的英雄榜，让他们有机会接受路过的每一位公司员工的注目礼。

公司不光在宣传上倡导价值观，而且实实在在地砸下真金白银来支持员工对价值观的践行。每年最高的奖项都有几十名员工获奖，获奖的待遇是到美国总部领奖并顺带旅游一个星期。对不愿去旅游的员工，公司折成现金给员工。仅此一项，公司每年的花费都有上百万元。

企业文化

有这样的价值观指导，有公司各级领导的身先士卒，整个公司的企业文化自然呈现出阳光健康的面貌。公司每年都聘请独立第三方做企业文化的审计。负责人为我们展示了在文化审计时，从员工访谈中得来的对企业文化的第一手评论：

1. 人际关系简单，从来不用担心和领导的关系能不能搞好。
2. 每个人的关注点都在如何把事情做好。
3. 公司重视公平公正，管理非常人性化。
4. 做事的标准很高，且职位级别越高、压力越大。
5. 工作很充实，在这里待一年相当于在别处待三年。

……

每天只需要埋头干好自己的工作，无需为各种人际关系和推诿扯皮而耗费精力，这不正是我们很多人所追求的一种工作状态吗？

企业文化并没有那么高深莫测，最直观的衡量就是看身在其中的员工的真实感受。

建设组织能力，坚持量化考核

该公司建设企业文化的秘诀在于：建设组织能力，坚持不懈地进行量化考核。

首先，在整个公司内部倡导服务文化，并将服务能力总结为一个 ASTAA 模型。ASTAA 的英文字母分别代表关注（Attention）、速度（Speed）、信任（Trust）、准确（Accurate）、能力（Ability），一共五个维度。

按照公司内部服务链，每一位员工都为服务链前一端的部门或员工（客户）提供服务。每年一次，公司都会按照 ASTAA 模型，由被服务的员工给提供服务的部门评分。每个维度都有七八个非常直观的标准。

比如，在"速度"这个维度，打分的问题包括：对客户的问题迅速做出响应、当我提出问题时即使不能解决也能告知回复时间、能将问题解决的进度定期反馈给我，等等。

打分结果如何处理？

服务考核得分与部门 10% 的年终奖挂钩。同时，每年得分排名在全公司公开，最后五名要提出改进计划，并接受全体员工监督。

公司对组织核心能力同样也建立了一个 TRIPP 模型，英文字母分别代表：团队（Team）、结果（Result）、创新（Innovate）、专业（Profession）和激情（Passion）。

对组织能力的打分换成了每个经理给自己的下属打分，根据分数的差异找出团队人才的短板并提升。

据说，这样的量化打分，公司已坚持了 10 年。

| 人才建设 |

很多公司都号称重视人才，但是除了加薪水和搞培训，似乎找不出更多的好办法。

这家公司是怎么做的呢？人才工作的扎实程度，从其人才盘点流程中就可见一斑。

同很多公司一样，该公司也用九宫格，按照业绩和潜力给员工分类。但是，和其他公司不一样的是，这里专门设置了一个人才述职环节。

高潜员工需要做一个 20～30 分钟的述职报告，述职考官来自该员工的二级管理者和其他部门的上级管理者。员工在述职时，不允许带纸笔、不允许放 PPT。主题集中在汇报自己对本职工作的思考和创新上。

据统计，光此一项，该公司每年就举行约 1000 场人才述职会，公司每名高管参加的述职会超过 40 场。

有人会提出疑问，每场述职会要 20～30 分钟，有那么多员工，公司的管理者们平时忙得过来吗？该公司负责人的回答也很干脆：人才管理是管理者们日常最重要的工作，他们与其把时间花在别的地方，还不如多花一些在这方面。

| 总结 |

离开这家企业的时候，我一直在思考，和很多公司相比，这家公司其实也没有做出太多新颖独特的东西。他们所坚持的，无非就是把管理的每一个细节做深、做透，坚持十年如一日地做，这才换来了今天的成就。

我们每天依然还会读到很多关于管理的文章，还会接触到很多新思想、新概念。但是，脱离了管理的本质而去追逐这些东西无疑是舍本逐末。

要想改善管理，还是先从脚下做起，把每件最简单的事情先用高标准来要求，再坚持做下去。

世界500强
人力资源总监
管理手记

打造无边界组织，
突破能力和思维的边界

> 打造无边界组织，就是动用信息、权力、能力和报酬四大杠杆工具，穿越组织中的四大边界——垂直边界、水平边界、外部边界和地理边界。

16年前，我还在中国北方某市的一个经济开发区政府部门工作，职位是项目主管，工作内容是负责对外招商引资。我所在科室有20多人，都是和我一样的项目主管。大家的资历背景各不相同，有像我这样刚踏入社会的大学毕业生，也有工作经验丰富的金融精英，还有满腹学问的海归博士。年轻的局长对我们这一群人有个共同要求：每个人必须成为项目专家——外语、法律法规、厂房土地、外汇税收、产业动向等涉及投资的事务样样都要精通；人人都需具备强大的单兵作战能力，能直接上谈判桌和外商谈项目。平时我们按项目规模组建临时项目团队，少则1人，多则3人。投资额1000万美元以下的项目，小组成员可以直接在谈判桌上拍板。

现在读《无边界组织》一书，很多地方都似曾相识。从某种程度上讲，局长当年的主导思路正是在帮助我们穿越组织的"垂直边界"。

今年，我所服务的这家公司建立了小组项目制。按照公司重大影响项目成立了跨职能部门项目组，组长（项目经理）和成员可以由公司任何员工在本职工作以外，根据自己的精力、背景和兴趣自行申请。项目经理拥有和公司其他高级管理者同样的权力来为项目调配资源。通过成立这样的项目团队，管理层看到了至少两个明显的好处：第一，项目经理可以锻炼操盘跨职能项目和管理跨职能团队的能力，拓宽了职业发展路径；第二，项目成员有机会跳出本职岗位，去广泛接触更多的业务和人脉，相当于让自己职业生涯发展驶上了一条快车道。这是我身边发生的又一起穿越"水平边界"的事例。

如今，组织的成功要素已经发生了变化，传统工业时代依赖规模、角色清晰、专业化和控制已经让位于今天的速度、灵活性、整合和创新。阿里巴巴的"总参谋长"曾鸣在《重新定义公司——谷歌是如何运营的》（*How Google Works*）的序言中指出，未来企业的成功之道，是聚集一群聪明的创意精英，营造合适的氛围和支持环境，充分发挥他们的创造力，快速感知客户的需求，愉快地创造相应的产品和服务。自激励是创意者的特征，他们最需要的就是有一个赋能的组织，也就是一个可以充分发挥人的创造力和潜力的组织环境。

组织能力由个人、文化和组织铁三角构成。重译再版的《无边界组织》重点从组织的角度，把如何打造一个赋能的组织做了全面而透彻的梳理。

具体来说，打造无边界组织，就是动用信息、权力、能力和报酬四大杠杆工具，穿越组织中的四大边界：

1. 穿越垂直边界：打造健康等级，将管理者从管控者转化为绩效教练；建立扁平化组织，缩短决策距离；从上到下充分授权，缩短决策周期和降低决策成本。

2. 穿越水平边界：以为客户创造价值的流程为核心来定位工作；

打破部门间的本位主义，让信息和知识可以在职能部门间横向无障碍流动。

3. 穿越外部边界：不再以单个企业视角，而是以企业所在的整个价值链的视角来看待问题；重新思考和合作伙伴的关系，和合作伙伴一起真正做到共同创造更多更新的价值。

4. 穿越地理边界：拥抱并适应文化差异；以多元化和包容性的思想聘用员工；建立 think global, act local 的思维和行事模式。

有人可能会说，打破垂直边界、水平边界这些事是业务领导才需要考虑的事情，和 HR 的联系不大。在我看来，HR 完全可以在打造无边界组织的工作中，率先在企业内部树立起一个标杆。

比如，HR 组织三支柱的完善，从某种意义上来讲就是一种穿越水平边界的行为：后台设置共享服务中心和专家中心，打通 HR 专业知识和服务的流通边界；前台设置贴近客户、服务于客户的项目经理——HR 业务伙伴（BP）；HRBP 以围绕如何为客户提供最大价值来定义自己的工作；后台共享中心和专家中心利用自己的知识和资源优势，灵活高效地支持前台的 HRBP。

再比如，HR 自己平时的外部合作伙伴也不少，有猎头、系统供应商、外部培训师、咨询顾问等。完全可以把这些合作伙伴和 HR 自身放在同一条价值链中，重新去审视和定义各自的角色和地位。重在考虑双方有什么办法可以把蛋糕做得更大，可以突破现有的普通合作关系，从而最大限度地为各自所在的组织带来新的价值空间。

打造无边界组织，今天就可以从身边做起。

这家明星企业是靠什么
把一支多国团队凝聚起来的？

"我们的人员招聘和晋升都是价值观在驱动，这样，我们找到的每一个人都会是符合企业价值观标准的。我们用了各种办法确保企业的价值观能够深入到每个员工的骨髓里去。"

上周，我参加了一家著名的人力资源咨询公司为制造型企业组织的 HR 研讨会。会上的演讲嘉宾之一是来自一家新兴互联网汽车企业的人力资源总监。

这家企业可以称得上是中国汽车行业近年来异军突起的一枝新秀：公司号称要打造中国汽车业的"苹果"，以互联网思维颠覆传统的汽车产业，将业务聚焦在产业链的前后两端——研发和营销。产品制造通过委托第三方代工完成，最终目标是生产高性能、平民化的电动汽车。

该公司近期也在网络和纸媒频频出镜、风头正劲，而所有报道中最吸引人们眼球的，恐怕还是他们从外部挖来的一支多国明星团队。

在该人力资源总监的演讲中，提到在过去一年里她挖来了不少国内外的行业大咖，包括首席执行官、首席设计官等高管，其中既有来自传统汽车行业，也有来自互联网行业的；既有来自国有企业，也有来自国外豪华品牌汽车公司的。

听完介绍，坐在台下的我和另外一位参会者——也是国内一个大型多元化产业集团的人力资源总监交换了一个眼神，我俩都不约而同地想到了一个问题：面对这么一个实力不俗而又风格迥异的多国团队，这家公司是通过什么方法把人凝聚在一起的呢？

要知道，该公司在前期主要以技术研发为主，其核心团队成员都是各领域的顶级牛人。这些人一个个都是个性鲜明的主，大家之前背景和研究方向各不相同，要把他们统一到同一面大旗下可不容易。

这家公司是怎么做到的呢？

带着这个问题，我在会议间歇请教了这位人力资源总监。她的答案脱口而出："价值观。"怕我没理解，她又进一步补充到："我们的人员招聘和晋升都是价值观在驱动，这样，我们找到的每一个人都会是符合企业价值观标准的。我们用了各种办法确保企业的价值观能够深入到每个员工的骨髓里去。"

| 什么是价值观？ |

一个企业的价值观就是这个企业组织与个人决策与行动的基本原则。它是企业及其员工的价值取向，也是企业在追求经营成功过程中所推崇的基本信念和奉行的目标。

要想企业成功，需要解决终极三问：

1. 企业为什么存在（Why）？
2. 企业最终要成为什么（What）？
3. 需要怎么做才能实现前面1和2的目标（How）？

这三个概念各用我们熟知的一个名词来代替就分别是：使命、愿景和价值观。

企业拥有使命和愿景是前提，而将使命、愿景和我们的现状连接起来的、帮助我们实现从此岸到彼岸的桥梁，正是价值观。

G20杭州峰会，习近平在演讲中引用了一句经典："以金相交，金耗则忘；以利相交，利尽则散；以势相交，势败则倾；以权相交，权失则弃；以情相交，情断则伤；唯以心相交，方能成其久远。"

我理解，这里所说的"心"，其实就是一种价值观。国家之间，需以心相交。同样地，一个团队，成员之间是靠价值观而不是金钱、友情等连接起来，这样的合作才会牢固和久远，这样的团队才更有凝聚力、战斗力。

纵观世界，越是卓越的世界级公司，越是强调公司价值观。企业的业绩可以变化，但是价值观却是恒定不变的。价值观就是企业成功之锚。外部市场风吹雨打，但是只要坚持自己的价值观，就能镇定下来、战胜风浪。所谓得人心者得天下，失去人心，那就是失去一切了。

| **企业有了价值观是不是就高枕无忧了呢？** |

对于企业价值观的挑战来自于如何将价值观落到实处。价值观不是简单地裱起来挂在墙上就万事大吉。很多公司领导人言必称价值观，公司的价值观、行为准则等也都挂在会议室、走廊和内网上，或印在宣传手册等醒目地方。但是从这些公司领导和员工的言行中，丝毫看不到他们所倡导的价值观的影子。

那些真正践行价值观的公司都是CEO带头，以身作则，让公司价值观如同员工平常生活、工作中可以呼吸到的空气，最后成为每一个人有意无意的思维和行为习惯。

前面那家汽车公司的人力资源总监就提到，他们下了很多功夫来落实价值观：为每一位招聘主考人员设计一份长长的、关于价值观的问题清单；严格以价值观作为员工晋升考核标准；每年以价值观为标准举行"年度之星"员工评选，等等。

而最终目的,就是为了让价值观"深入到每一个员工的骨髓"。

这家公司在今年年初的公司年会上,创始人给每一位管理人员赠送了一本书,是星巴克创始人舒尔茨写的《将心注入》。

星巴克是一家什么样的企业?是一家非常强调企业价值观的企业。在星巴克网站"我们的价值观"页面上,这样写道——

我们努力践行以下价值观:

以我们的伙伴、咖啡和顾客为核心。

营造一种温暖而有归属感的文化,欣然接纳和欢迎每一个人。

积极行动,勇于挑战现状,打破陈规,以创新方式实现公司与伙伴的共同成长。

在每个连接彼此的当下,我们专注投入,开诚相见,互尊互敬。

对于每件事,我们都竭尽所能,做到最好,敢于担当。

在这样的价值观倡导下,星巴克把对员工的尊重和人性关怀发挥到了一个高度,要知道,它可是美国第一家为临时工都提供全面医疗保险甚至股票期权的公司。

曾经,在公司创始人舒尔茨退居二线之后,业务开始下滑。舒尔茨于2008年重新出山,经过调研,他认为问题在于公司背离了自己的价值主张,过于倚重销售咖啡产品,而忽略了原本价值观中"以人为本"这条根本理念。公司强调业绩和销量的背后,牺牲的是服务质量、客户满意度以及公司最终的盈利水平。

后来,在舒尔茨的重新领导下,星巴克重塑自己的价值观,并于一年后转危为安、扭亏为盈(具体细节可以参考舒尔茨的第二本书《一路向前》)。

另一家以重视价值观闻名世界的公司是谷歌。

众所周知,谷歌的价值观有一句非常经典的话:Don't be evil(不作恶）。谷歌曾经在其公开上市的招股书中对此价值观做过解释："不要作恶。我们坚信，作为一个为世界做好事的公司，从长远来看，我们会得到更好的回馈——即使我们放弃一些短期收益。"

在《重新定义公司——谷歌是如何运营的》一书中，作者对"不作恶"提供了一个真实的案例：有一次，在工程师会议上，大家讨论到对广告体质做出一项改变可能带来的好处。这样做可以为公司带来丰厚的利润。但是一位工程师却拍桌反驳道："这是在作恶，我们不能做。"屋里顿时鸦雀无声。沉默之后，是一场相持不下的讨论。最终，做出改变的提案被否决。

在本篇文章即将完成之时，网络上曝出一件与价值观相关的案例，主角是阿里巴巴的四名员工。

事件经过：中秋前夕，阿里巴巴安全部的四位员工，在公司月饼内部抢购过程中采用技术手段作弊，共计多刷了100多盒月饼。阿里巴巴在调查后给出意见：四名员工的行为虽然没有涉及对公司业务的干扰，但是，对内部其他员工造成了福利分配的不公，客观上有获利意图和结果存在。

最后的结果是什么？四名员工被公司要求离职。

消息一出，网上一片哗然，在各种观点中，更多的是不理解：四名员工的行为看上去更像是一次技术玩笑，本身并未给公司带来多大损失，不至于上升到道德层面那么严重，何以遭致如此严厉的处罚？

我比较好奇，上网查了一下阿里巴巴的价值观，其中一条：诚信——诚实正直，言行坦荡。

我想，虽然四名员工的行为本身看上去造成的危害不大，但是从本质上有违公司价值观之嫌。阿里在后来的正式公告中也提到，四名安全部员工，本来应该是平台规则的捍卫者，但是他们使用工具作弊触及了诚信红线。

世界500强
人力资源总监
管理手记

价值观本来就是一家公司的行为规范准则,世界上大多数著名公司,都对违反价值观的行为零容忍。

我有一位朋友,之前在阿里巴巴担任过 HR 高管,她也就此事件在朋友圈第一时间发了一句评论:"阿里巴巴对于价值观和高压线捍卫得很严格,事情不分大小,踩上了高压线就是'死刑'。"

联想到马云在最近一期湖畔大学公开课堂演讲中的观点:任何一家初创企业,需要首先建立和维护好你的使命、愿景和价值观,以此为企业基石,然后再来讨论你的发展战略。

正因为能够坚持如此严格地践行公司的每一条价值观,阿里巴巴才能够迅速崛起成为所在行业的世界排名第一,我想这个逻辑是必然的。

敬业文化
是这个时代组织取得成功的法宝

> 要应对市场的激烈竞争，组织能够运用的法宝正是敬业文化，通过创建自己独特的敬业文化来实现和竞争对手的差异化。否则，一个组织纵有先进的产品和前瞻的战略也终将难以在市场中立足。

前言：本文完成于一年前的春节假期，当时应 HR 转型突破工作室康至军和曾佳两位老师邀请，加入一个由 HR 及英文爱好者自愿组成的团队，翻译 *ATD Talent Management*（《ATD人才管理手册》）一书。我和翻译组小伙伴 Susan 负责的是本书第七章和第八章的翻译。这也是我和 HR 转型突破工作室合作的第三本书。

"敬业"这个词我们都不陌生，大部分组织都有每年一度的员工敬业度调研，我们每天身边发生的敬业事例也是屡见不鲜。此时正值猴年春节期间，这两天新闻上也在大篇幅报道我们身边敬业的工作者们，有军人、列车员、公务员等，他们为了工作，节日期间放弃和亲人团聚的机会，全身心地奋战在工作第一线。

| 那么，"敬业"究竟是什么？ |

在《ATD人才管理手册》（ATD 是"人才发展协会"的英文简称）

一书中,作者引用全球企业联合会(Conference Board)的定义,将"敬业"解释为:一个员工对他或她的工作、组织、上级或同事的一种经过加强的情感和心智联系,这种联系可以反过来影响到这个员工本人,帮助他或她对自己的工作付出额外的自主性努力。

这个解释稍微学术了一些,如果用大白话来解释,"敬业"实际很简单:表现在工作中,就是员工不再是"要我做",而是"我要做"。

敬业不会凭空产生,要实现员工敬业,那就首先要保证员工置身于一种"敬业文化"之中。有很多文章在讨论组织再造和文化再造,在我看来,其目的都与营造一种"敬业文化"有关,在于最大限度地发挥组织中每一个成员的生产力和发展潜力。

"敬业文化"为什么在今天提升到如此高度呢?我归结为两大原因:

第一个原因是内在的。组织的产品和服务可以被复制,人才可以被猎取,但是文化却是难以被复制的。组织文化是独一无二的,成功组织的核心竞争力就是组织文化。而敬业文化,正是所有成功组织如华为、GE、苹果、谷歌等的共同特点。

第二个原因是外部的。作为在互联网影响下成长起来的一代,九零后、零零后已经或者即将进入社会,他们是企业未来员工队伍的主力军。这部分人群和八零后、七零后有着明显的不同。他们不再遵从于之前那种雇主主导的职业发展路径,而是会更加积极地进行自我职业生涯的管理。

在人才流动更频繁、员工期望值更高的今天,敬业文化是帮助组织吸引、挽留并持续发展这类员工的唯一法宝。

建立有效的敬业文化,《ATD人才管理手册》归纳了八大要素,并且在每个要素上设计一种"良好—优秀—最佳"的模型,以组织的真实案例加以详细阐述。这八大要素基本涵盖了创建"敬业文化"

的方方面面，读者完全可以凭本书的内容按图索骥，建立和实施本组织的敬业文化，具体细节在此不再赘述。

| 如何建立和巩固好敬业文化 |

一、立意要高

有个故事：三个在工地干活的石匠，第一个石匠认为自己干活是在养家糊口，混口饭吃；第二个石匠认为自己在建一个大房子；第三个石匠则认为自己是在建设一座大教堂。

乔布斯在劝说斯卡利加入苹果时说："你是想卖一辈子糖水还是想改变世界"；阿里巴巴的使命不是让顾客买到更多的便宜货，而是"让天下没有难做的生意"；星巴克给自己的定位不是卖一杯咖啡给顾客，而是在宣扬一种生活方式和态度；沃尔沃汽车认为自己不是在卖一辆汽车，而是在倡导一种安全、环保和家庭优先的北欧生活理念。

敬业文化只有立意于企业的使命和愿景，才能有效地帮助员工将自己手头的日常工作和一个抽象而又崇高的目标联系在一起。

如此，员工才能将自己的短期利益和组织的长远目标结合起来，说服自己是在投身于一项崇高的事业，而不是简单地为老板打工；如此，员工才会在工作中具备真正的内在激励，不再是组织"要我做"，而是自发地"我要做"。

组织中常见的薪酬、绩效、晋升、培训等管理工具都属于外在激励。内在动力是外在动力的先决条件，缺乏内在动力，外在动力再强也只能维持一时，无法实现长期有效激励。

二、敬业文化需要和业务战略、人力资源战略全面结合

敬业文化建设不是一个独立的人力资源项目，它应该成为业务战略的一部分，和组织的业务全周期中的战略、制度、项目和流程相结合。

我们看到太多的组织只是把敬业度提升作为一项单独项目甚至表面文章，敬业度工作大都停留在每年一度的敬业度调研上，并没有结合调研结果去开展战略、制度、项目和流程方面的持续跟踪及改善。其结果是，年复一年，员工的敬业状况依旧。

我今天所在的这家跨国公司，每年都联合麦肯锡开展 OHI 调研，OHI 是组织健康指数（Organizational Health Index）的英文缩写，覆盖了敬业度方面的内容，还包括敬业度以外的战略、文化、管理、创新等方面内容。

调研问卷从协同、执行和自我更新三大维度，以及责任心、领导力、素质能力等九大板块对员工提问，企业得分会和麦肯锡数据库中上千家来自不同行业的企业分数相比较，从而得出企业总体的组织健康水平。

OHI 分数会进入公司每一个业务部门领导人当年的个人 KPI（关键绩效指标）中。每年在 OHI 调研结束之后，全公司都要召开专题研讨会，通常为一整天，和公司的年度业务战略会享受同等待遇。会上由各部门共同讨论、分析当期调研结果，确定下一步改善的领域。每次研讨会之后，各个部门还需确定非常详尽的跟进措施、责任人和验收时间等。

在过去三年里，公司在敬业度建设方面的成果斐然，OHI 得分稳步上升，其结果是员工的主动离职率持续下降。

三、采用从上至下（Top-down）的办法，从 CEO 到各级经理都需亲自带头参与敬业度建设

对于敬业文化，CEO 或其他高级管理者要做到在大会小会上月月讲、年年讲，让敬业文化的理念深入人心，通过领导力发展项目，让建立和领导敬业文化真正成为每个管理者的基本职责；通过对敬业员工的认可和嘉奖来引导员工的三观，让敬业员工真正成为大家学习的榜样和楷模。

在拉姆·查兰的《CEO 说——像企业家一样思考》一书中有一个事例，讲的是福特汽车时任 CEO 杰克·纳赛尔每周都会给员工们写一封一两页的信，把自己关于公司状况的一些想法告诉他们，通过电子邮件的形式发给全公司 35 万名员工。当 2000 年年初福特汽车股票和 P/E 值大幅下跌时，纳赛尔在信中解释了为什么会出现这种状况，并且制订了他深信能够提高 P/E 值的企业优先任务。

公司的最高管理层通过写信或者全员大会的办法和全体员工保持沟通，其实是很多 500 强公司都会采用的一种办法，这也是花费最低廉，收效却最显著的一种由 CEO 带头建设敬业文化的办法。

在 IBM 传奇 CEO 郭士纳所著的那本讲述他领导 IBM 实现伟大逆转经历的《谁说大象不能跳舞》一书中，也提到了他有定期向公司全员写信的习惯，该书的附录中还收录了部分信件。

在"9·11"袭击中，郭士纳在第一时间向员工写信，起到了在最困难时刻稳定军心的作用；在 IBM 战略转型中，郭士纳的信达到了让员工和管理层实现直接对话的目的，帮助员工第一时间清晰了解公司战略和经营动向，从而更加明确自己工作的目的和意义，让自己的工作态度从公司"要我做"转化为"我要做"。

| 总结 |

随着市场竞争日益激烈，组织会发现仅靠产品和服务来实现差异化将难以赢得竞争优势；随着千禧一族的员工进入就业队伍，组织会发现，仅靠提供外部激励手段，将难以有效地留住和发展这一代核心人才。

要应对以上挑战，组织能够运用的法宝正是敬业文化，通过创建自己独特的敬业文化来实现和竞争对手的差异化。否则，一个组织纵有先进的产品和前瞻的战略也终将难以在市场中立足。

领导力培训效果差，怎么办？

世界500强
人力资源总监
管理手记

对 HR 而言，首先要具备宏观的视角，善于从整个组织的层面来分析企业的领导力培训需求。其次，除了培训，HR 还需要具备组织诊断、组织设计和流程咨询的技能，这样才能有效地为业务客户提供满足实战需要的一揽子组织解决方案。

很多 HR 都经历过这样的场景：公司文化准则中强调领导力，每年在 HR 的发展与培训工作中，必然有一大部分精力和预算是需要用在领导力发展上的。从外面请咨询顾问、领导力培训师、搞封闭培训、给领导者做个人发展计划（Individual Development Plan），等等。

至少在我本人经历过的所有公司中，大部分的领导力培训套路都是如此。

然而，问题来了：公司花了大价钱在领导力培训上，效果却很难让人满意。有些培训效果稍好，短期内能够看到领导者行为发生了积极变化。但是，时间一长，领导者往往又逐渐重回老路。到了来年，公司再重新搞一轮领导力培训，就这样，年复一年。

虽然对领导力培训方面的投资回报，更多的是看长期。这种回报并不会像在产品、市场、销售等方面的投入，能够产生立竿见影的效果。但是，大部分 HR 也不得不承认，领导力培训没有给公司领导力水平或文化塑造带来实质性的改进。

| 原因到底是什么？|

按照常识，领导力培训收效低，原因可归结如下：培训师水平不够、领导者对自己提升领导力的主观动力不足、培训课程未能有效针对领导者自身特点、企业实际需求挖掘不够、培训结束后缺乏持续跟进的措施，等等。

《哈佛商业评论》（2016年10月刊）发表了哈佛商学院教授Michael Beer的一篇文章，对上述问题从更高层面做了分析。

| 如何让领导力培训产生效果？|

我们需要退后一步来看待这个问题。传统的培训和发展思路都把注意力集中在个人身上：企业要转型、文化要提升、产品要创新，我们首先想到的是个人能力达不到公司期望值，所以花大价钱投资于个人，然后对员工和管理者进行培训和发展，期望他们在培训之后能够把学到的新东西应用到实际工作中去。

这样的思路对HR来说很自然：组织是所有个体的集合，要想让组织整体发生变化，那就先让每个个体发生变化，这是最容易操作的事情。此外，当HR把个人能力当作首要因素，并以提升个人能力来作为解决方案的时候，这种思路也容易为组织领导者所接受。

这种思路有什么问题吗？

乍一看没有任何问题，但是，它却忽视了一个重要事实：组织并不是每个个体的简单相加，而是由个人、角色、职责、流程等结合在一起的有机体。个人和其他因素之间有机结合、相互作用，形成了复杂的组织环境。环境反过来作用于个人，对个人的思维和行为方式产生重大影响。

组织环境是如此的重要，组织内部如果没有一个好的氛围和环境，里面的人纵然有天大的本事，也难做出成绩来。如果组织环境不发生变化，个人即使接受了培训，回到原来的组织中，十有八九还是会重新回到老路，继续过去的那套管理理念和领导方法。

因此，Beer 提出，如果要让领导力培训起作用，首先要解决组织重新设计的问题，然后再发展和培训个人。

环境决定行为，如果环境不发生改变，哪怕行为经过培训发生了短暂的改变，也难以长期维持。

要改变环境并非易事，Beer 在长期为企业提供管理咨询的过程中，发现组织在做效能提升时通常面临 6 大障碍：

1. 领导层对发展战略和价值观方向不清，导致自相矛盾的优先任务项。
2. 最高领导层缺乏团队合作精神。
3. 组织内部缺乏鼓励坦诚对话的机制。
4. 组织架构设计低效，各部门、区域和职能之间缺乏合作和沟通。
5. 领导层没有把足够的时间花在人才问题上。
6. 员工不敢把组织内部存在的问题向上级领导反映。

因此，要想让组织的领导力培训产生效果，首先要想办法把影响组织效率的上述障碍清除掉。

在某次对一家医药公司的咨询中，Beer 的团队就按照上述思路来操作：

这家医药公司的 CEO 希望提升管理团队的能力，HR 一开始建议加强对管理团队的培训。但是，该 CEO 先请 Beer 的团队帮助诊断提升管理能力过程中可能存在的组织障碍。

经过对管理团队的匿名访谈，发现该公司存在发展战略不清的问题，这样导致各级领导者不清楚公司对他们的实践及行为期望值是什么。最高管理层平时也没有花太多时间来讨论如何发展内部的高潜力人才。此外，咨询团队还发现了该组织存在着部门之间缺乏合作、沟通的问题，并导致人才在组织内部横向流动不畅。

在发现上述问题后，咨询团队首先帮助该公司清除掉存在的障碍，然后再有的放矢地引入有关的培训，帮助领导者个人提升相应的能力，最后收到了奇效。

综上所述，Beer 提出六步法来帮助解决组织领导力乏力问题：

1. 高层首先清晰定义价值观和战略发展方向。
2. 组织内部从下至上，通过调研、访谈等形式，诊断出影响战略实施和组织效能的障碍。然后以此来重新定义组织中的各个角色、职责和关系。
3. 对各级领导者进行辅导和咨询，帮助他们适应新的组织设计。
4. HR 为各级领导者提供必要的培训。
5. 对组织和个人新的绩效结果进行评估，重点考察个人行为的改变。
6. 对组织有关人员甄选、评估、发展和晋升的系统和流程进行调整，以实现个人行为变化的长久持续。

通过以上分析，我们可以看出，领导力培训并不是一个单纯的培训问题，而是需要放到一个更大的环境下来综合考量。

对 HR 而言，首先要具备宏观视角，善于从整个组织的层面来分析企业的领导力培训需求。其次，除了培训，HR 还需要具备组织诊断、组织设计和流程咨询的技能，这样才能有效地为业务客户提供满足实战需要的一揽子组织解决方案。

为什么阿拉伯军队不擅长打现代战争？

世界500强
人力资源总监
管理手记

> 让组织设计发挥最大功效的关键，还是组织内部各部门之间能够打破部门墙，真正实现跨部门的团结协作。

远有埃及和以色列的"六日战争"，近有伊拉克和美国的"美伊战争"。这些战争中，阿拉伯国家一方的军队往往遭遇大败，打起仗来几无还手之力，这背后到底有什么原因呢？

端午假期，无意中看到一部国外制作的视频，总结了阿拉伯国家军队不擅长打现代战争的原因，本人甚感这些总结对现代企业建立高效组织也非常有参考意义。

| 协同作战 |

二战之后，美军研究人员发现，军队各单位之间的协同一体化作战能力，几乎是决定一场战役胜负的最关键因素。

美军认为，不同的国家、军种、部队，以及不同的作战系统之间需要具备相互兼容、相互促进，并能够有效实施联合作战的能力。

只有班、连、营、师等各部门协同起来，发扬团队精神，像一个团队那样同仇敌忾、统一作战，才有可能取得战斗的胜利。然而事实却是，阿拉伯国家军队之间的协同作战能力相对较差，打起仗来形同散沙。

比较著名的案例包括六日战争中的埃及部队、两伊战争中的伊拉克部队和与ISIS作战的伊拉克部队，基本上在战场上都是各自为战，指挥者很难把各部队真正统一起来指挥，面临强大敌人的时候一触即溃。

为什么阿拉伯军队很难做到协同作战？

阿拉伯人对自己小圈子以外的人缺乏足够信任。因此，阿拉伯国家的统治者总是通过各种权力制衡来维持自己的统治。在军队的组织设计中，设立相互竞争甚至冲突的组织、重复设置某些制衡部门、以利于将决策权力牢牢地把控在最高领导者手上，其结果就是部队之间协调起来困难重重。

| 领导力 |

经常有阿拉伯人在战争结束之后总结道："我们的士兵英勇奋战，但是战争却总是被他们那些无能的指挥者所葬送。"

比如，在六天战争结束后，埃及将战争失利归咎于在战场临场指挥的阿米尔将军。当时，以色列军队一开始攻击，他的部队就丢盔卸甲、望风而逃，从而影响了全军士气，最终导致了整个战局的走向。

在阿拉伯军队当中，那些身居高位的将军们，往往是对统治者最忠诚的人，其次才是对指挥战斗最胜任的人。所以，经常可以看到一些高级指挥者完全没有相关的实战经验。

这在伊拉克和ISIS的交战过程中得到了充分印证。战斗一旦打响，最先从前线撤退下来的很可能是这些指挥官们，不能首先顾手下士兵的安危。

众所周知，一支军队取胜的士气和灵魂来自领导者钢铁般的意志和决心。只有领导者对下面士兵的冷暖安危充分关心，士兵才会有足够的动力和勇气去奋勇杀敌。

阿拉伯军队的训练机制中恰恰缺乏这种对领导力的重视。军官们的决心、果敢和主动意识往往得不到鼓励，因为统治者可能会把这样的军官视作自己政权的潜在威胁。

此外，阿拉伯军队中的领导者也缺乏足够的应变能力。

现代战争中各种战机瞬息万变，要实施有效的作战，就不能依靠一成不变的战略战术，而必须随机应变，要求现场指挥者在千钧一发之际敢于临场决策的能力。

这就要求战斗部队在组织设计上去中心化，将决策权力充分下放到前沿部队，让听得到炮火声的人来做决策。不幸的是，阿拉伯军队中的指挥者往往不具备这样的权力，最后造成屡屡贻误战机的情况。

与之相反，以色列军队在六日战争结束后，总结己方的获胜经验时，就提到军队中基层指挥官的协同作战能力和临场决策能力是最后获得胜利的关键因素。

| 信息管理 |

现代战争获胜的另一大关键因素，是对情报信息的准确收集和正确利用。

阿拉伯军队领导者自己也承认，他们在收集和管理这些情报信息方面存在巨大的困难。领导者在获得有价值的情报信息之后并不会主动在组织内部扩散，而是常把信息紧紧地攥在自己手里。

信息只有在被充分分享、利用才会实现其价值。但在阿拉伯军队中恰恰相反，一旦某个军官获得了宝贵的信息，他会认为只要他一个人掌握这些信息，这就会给他带来足够的权力。假如这些信息被共享给了别人，他的权力就消失了。所以，他们往往选择把重要信息占为己有，绝不分享出去，哪怕这样做会危害战斗任务。

| 武器装备 |

现代化的先进装备是打赢现代战争不可缺少的重要因素。今天的阿拉伯国家军队大都装备精良,从西方国家采购了最尖端的飞机舰艇。但是,他们的问题是没有让这些装备百分之百地发挥功效。

他们常抱怨自己的装备跟对手比较已经过时。事实上,在阿拉伯人打过的几场战争中,他们手上的武器要么领先于对手,要么与对手旗鼓相当。

比如,在两伊战争中,伊拉克的武器装备远远优于伊朗,但这并未给伊拉克带来太明显的优势。大多数时候,伊拉克军队的很多武器都处于无法被充分利用的状态。

部队中的士兵和维护人员,在武器维护和保养方面,也没有得到充分的培训。结果,他们买的武器越先进,就越依赖来自外部机构的培训和指导。到头来,这些阿拉伯军队反倒自己成为了这些尖端武器的受害者。

他们在武器保养方面的培训大都刻板和毫无新意,更多是在强调死记硬背。武器的维护保养人员都很擅长死记硬背,而不具备跳出现有思维框架去解决问题的能力。所以,他们对这些武器的使用状况就可想而知了。

基于以上原因,阿拉伯人在现代战争中屡屡败走麦城,也就不足为怪了。

| 我的评论 |

上文提到的"协同作战""信息管理",其实也是组织设计中的两条重要原则。之前读关于组织设计的一本经典教材《组织设计理论》,读到书的最后,有一种越来越深刻的感触:设计一种组织架构,无论什么形式,不管是职能型、事业部型,还是矩阵型、项

世界500强
人力资源总监
管理手记

目型，让组织设计发挥最大功效的关键，还是组织内部各部门之间能够打破部门墙，真正实现跨部门的团结协作。

企业在不同的发展阶段，会面临不同的内外部挑战。相应地，也会有不同的组织架构设计需求。一种组织形式存在久了，身处其中的人们总会产生不同程度的错觉，易把部门视作自己的"领地"，不容他人的插手，这就是部门墙产生的根本原因。

当部门和部门之间开始合作不畅时，组织的整体运作效率便开始降低。即便是那些最领先的世界500强公司，也很难避免部门墙的产生。因此，很多公司在这方面做了巨大努力。企业常见的解决部门墙问题的方式，包括部门间人员换岗、建立统一联席协调小组、建立跨部门项目小组、开展跨部门满意度调研等。

斯隆在《我在通用汽车的岁月》一书中，详细介绍了他在通用汽车这个庞大的官僚机构中打破部门墙的做法。

公司内部成立了三级跨部门协调委员会：金字塔最顶端一层是直接向董事会汇报的执行委员会，由总部的最高级执行人员组成，负责制订公司的运营政策；中间一层叫运营委员会，包括公司执行委员会成员和各事业部高级管理人员，这是类似一个讨论政策及需求的论坛；最下一层叫事业部间委员会，全部由各事业部总经理组成，负责执行公司的运营政策。

除此以外，斯隆还在公司成立了多个类似的跨部门协调委员会，涉及财务、采购、公共关系、海外业务等多个业务领域。通过这些跨部门组织的全力协调，通用汽车才得以实现整个组织的高效运转。

保持信息在组织内部的畅通无阻也同样重要。

在《团队的团队》一书中，美军前驻伊拉克联合作战司令部统帅麦克里斯托将军提到，伊拉克战场上最初也存在美军各部门之间信息沟通不畅的问题。后来屡屡发生事故，明明情报部门已经提供了敌人首领行踪的重要信息，但是因为信息没有及时传达到前线作战部队，故导致贻误战机，让敌人逃脱。

麦克里斯托后来的解决办法是每周召开大规模的跨部门联席电话会议，在会议上充分沟通重要的军事情报信息。每次电话会议，都有来自全球相关协作部门的数千人拨入参加。

后来有人问麦克里斯托，在这么大规模的会议上透露重要军事信息，难道不怕有人泄密吗？他回答：与泄密造成的损失相比，分享这些信息给组织带来的受益更加明显。

今天，我们经常讨论的互联网时代的新型组织设计原则，无论是去中心化、扁平化，还是合伙制、小团队，万变不离其宗，只要有组织存在的地方，离不开的一条原则就是：要解决好组织内部各成员之间的协调配合和信息沟通机制。这是确保一个组织高效运转的前提。

世界500强
人力资源总监
管理手记

当我们说管理基础不好的时候，说的究竟是什么？

管理基础首先就是要把组织、岗位和流程的标准搭建好。

之前参加过一些HR沙龙，经常听到HR们会评论这个公司或者那个公司管理基础不好。那么，所谓的管理基础究竟是什么呢？

| 组织、岗位、流程 |

根据我的经验，管理基础首先就是要把组织、岗位和流程的标准搭建好。

公司内的流程是怎么样的？各职能是如何协作的？各个岗位的任职标准是什么？这是规范管理的基础。

我自己是非科班出身的HR，最初做HR的时候，总是头疼：绩效究竟怎么设置才能皆大欢喜，为什么建立了晋升通道但是没用？后来，我慢慢摸索，发现在诸多模块里漏了一个很重要的基础因素，就是组织构架设计及岗位流程的设计。

一、组织设计

在管理基础差的企业，最常见的就是组织构架图三天一小改，

本文作者吴超智

五天一大改，不光是HR，各部门都一团糟。今天让你招个运营助理，或者过一天这个岗位就并到客服部了。

组织构架反反复复改来改去，不仅是部门人员来回调，各个岗位职责也不停地变。可能有些人觉得，对于创业公司变化才是正常的。但这是HR人员不够专业导致的，职责经常变动就会出现沟通困难、任务无法落实。

对于组织构架的设计，重点需要考虑以下三点：

第一，战略分析。基于战略目标进行分解，得出价值链，基于价值链才有职能。任何部门的设置都是有目的的。最怕的就是不少企业的部门设置漫无目的，看到其他公司是这样的，于是我们也这样，到后面老总自己都不清楚某些部门为什么要建立。

第二，目标一致性。曾经比较流行的一个话题就是，什么是团队什么是团伙。实际上，任何一群人，只有目标一致才会有战斗力，这才叫团队。对于目标一致来说，协作就是一个伪命题，当目标都一致了还要什么协作，每人朝着自己的目标拼命就好了。

第三，前瞻性。前瞻性是前面两点的延伸，组织设计一定是基于现在描绘未来。是提醒自己，为了实现目标我们需要变成什么样的组织的，而不是把现在公司的状态用Viso画一遍。

我们预测性地先把公司的构架梳理好，然后要做的就是如何搭建、充实组织构架，来支持目标的实现。至于后期的调整，都在我们的预计里，也就很难出现混乱了。

我在某电商公司设计组织构架的逻辑是这样的：

首先，基于公司的实际情况与未来发展，我画出了公司的价值链（适用于大部分商贸型组织）。

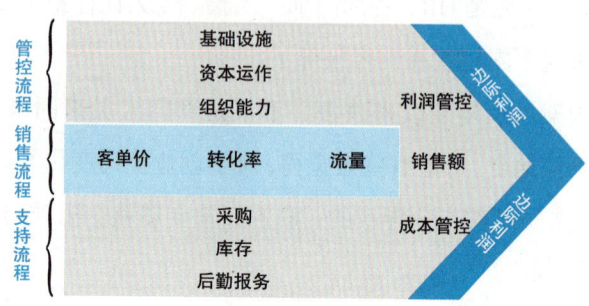

基于价值链里的各个任务,我将部门及职责分解如下:

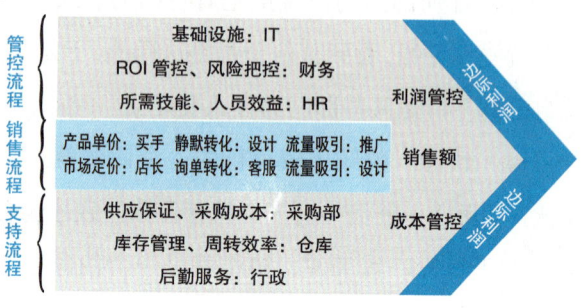

在分解完纵向的职能后,就需要对组织进行纵向分解:也就是各个岗位领导的管理幅度应该是多大,管理层级应该有多少层。控制管理幅度最大的目的就是为了管理的有效性,为了充分发挥领导力。

我是通过下面这个量表来把控管理幅度的:

等级变量	1	分值	2	分值	3	分值	4	分值	5	分值	影响得分	管理幅度
职能相似	完全一致	1	基本相似	2	相似	2	存在差别	3	完全不同	5	40~42	4~5
位置相似	都在一起	1	同一幢大楼	2	同一企业不同大楼	2	同一地区	3	不同地区	5	37~39	4~7
职能复杂	简单重复	2	常规工作	4	有些复杂	4	复杂多变	6	极其复杂且多变	10	34~36	4~7
指导与控制的工作量	极少的	3	偶尔	3	适当	6	经常	9	持续的	15	31~33	5~8
协调的工作量	同级别联系人极少	2	关系限于目前确定	4	沟通可预测	4	频繁的	6	频繁且不可预测	10	28~30	6~9
计划的工作量	同级别联系人极少	2	规模和复杂性略小	4	较大规模和复杂性	4	规模大或复杂	6	规模大且复杂	10	25~27	7~10
											22~24	8~11

基于上图，我把部门及职能再分解到岗位。

考虑到公司免受部门墙危害，为了充分体现目标的一致性，特意将人员能力和团队业绩这两方面的管理内容进行拆分。职能制的部门领导负责人员技能方面的提升，项目制的领导负责业绩方面的管理。由此画出组织构架图，并明确了 HR 部门未来需要做的事情，就是基于组织构架图进行能力补充：

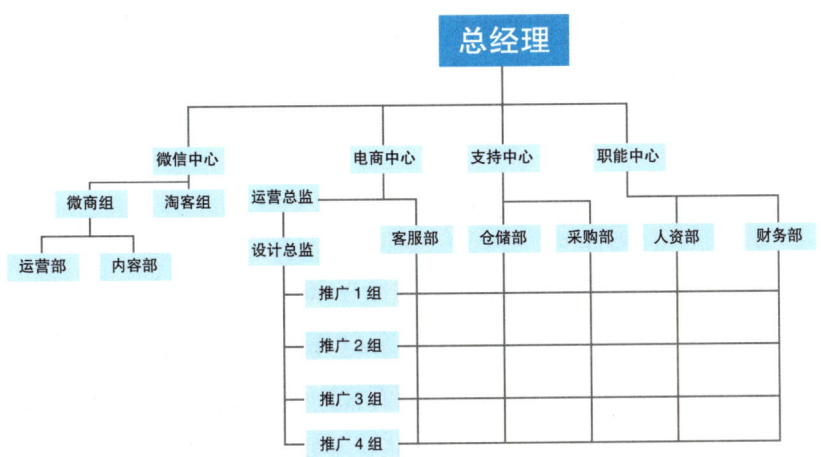

二、任职资格 / 胜任力

在最早做 HR 时，我认为每个模块都是相互独立的，后来却发现，有一个叫做任职资格的东西把各个模块都串在了一起。

那么任职资格究竟是什么呢？任职资格就是告诉员工：做到什么水准，你才是称职的。所以，岗位说明书最主要的内容应该是告诉员工：做什么、怎么做以及做到什么程度。

定好岗位的标准后，我们用绩效管理来衡量人是不是符合岗位需求的，通过绩效的结果与岗位的标准来进行选用育留。

所以，明确标准是有效管理的第一步。

世界500强
人力资源总监
管理手记

首先，对某岗位任职的员工和该部门领导沟通，区分出好、中、差三类（好或者差可以有标准但没有合适的候选人）。对于三类人员，调出对方过去12个月的工作结果，对数据进行整合和处理，就得到了一个关于工作结果的曲线图，再次进行多部门沟通以及对标历史和同行数据后，岗位标准基本就出来了。

然后，与曲线内的标杆人员、该部门领导一起探讨高绩效需要的技能并且使用素质词典，筛选该岗位的素质。筛选完后，以具体的岗位素质，对绩优和绩差人员进行为期一个月的跟踪，将绩差人员也有的素质剔除，就初步形成了岗位的胜任力素质。最后汇聚成岗位说明书。

| 目标、指标 |

曾经有人和我讨论过，在这个VUCA【指组织处于不稳定（Volatile）、不确定（Uncertain）、复杂（Complex）、模糊（Ambiguous）状态之中】的时代，定目标还有没有意义？我的观点是，在这个时代，好的目标比以往更加重要。目标和指标主要在两个方面起作用：

第一个是牵引力。好的目标一定要牵引员工努力拼搏。甚至当公司目标提出来后，员工会热血沸腾。

第二个是预先控制。通过我们现在做的事情，去预测这么做能不能达到目标，如果不能，要怎么调整，预测性是目标最大的价值。

一、目标的设置

目标设置不当会影响整个公司的运营。过高，大家都觉得达不到而失去干劲；过低，就没有激励价值。还有些老总按照公司现在的人员能做多少业务去推，实际上这个逻辑也是错的。

我做目标设计的逻辑是：先梳理产品线基于具体产品的往期销量、同期竞争对手销量以及个人对市场的判断（上升还是微缩），去制订年度、季度以及月度目标。基于如何支撑目标，再对各个部门及组织进行调整。

二、目标与激励

很多管理者疑惑的是，目标设计得挺合理，和目标相关的考核也设置了，为什么员工就是没干劲？这有两点需要我们去思考：

第一是参与感。很多老总觉得"我身为老板，已经解决了财务危机了，都能每天早上 5 点到晚上 12 点地拼命，你们这群还在温饱线上挣扎的人怎么就没有点自主性呢？"

然而他没有考虑到的是，对于公司里任何一个决策，几乎都可以说是他参与的，并且最后的决策也一定是"他想要做的事"。而会议室外的员工就只是增加了一项任务，情感上跟他们并没有什么关系。所以让关键人员参与决策的过程很重要。

第二是相关性。扣钱通常只会产生压力，如果是常规性的目标是没有问题的，但是对于突破性的目标，扣钱明显只会产生不满。相关性要做加法，而不是减法。

我在某电商公司做完目标的测算后第二件做的事是薪酬的测算，也就是：如果业绩翻一番，相关人员的薪酬能不能翻一番？

我的操作是：将公司原来靠大锅饭的年终奖调整为人员自己努力的计算方式。原先到年终只能拿几千的，我依据各项目组的目标，如果目标达成，年终奖就按照责任人每月底薪的 12 倍去计算总额；未达成就按目标实际达成百分比来定达成率，低于最低增长要求就没有年终奖。

三、目标 PK 与排行榜

我曾经有一个分享是：培训本身不能改变人，但是 PK 却能。很多老总都头疼怎么让团队活起来，怎么让目标落下来。我的经验是，引入 PK 和排行榜，就可以解决这个问题。

我们当时一共五个团队。基于目标，我建立了目标完成度这个 PK 项，并且把目标完成度分解到各个岗位。另外买了一个 LED 板公示他们的完成度排名。然后每周坐在一起回顾。

不仅仅是内部的 PK，还引入外部竞品、竞争公司的数据来对比 PK。这样下来还没一个月，整个团队的状态都变了，连老板每天上班之前都去排行榜那里看一会儿，我们当时的业绩也获得了极大的提升。

四、目标与资源分配

每个公司的资源都是有限的，在我们设定目标的时候，实际上也是在分配未来的资源。并且要考虑清楚一旦发生最坏的情况，我们要在哪里止损，在哪里突破以及放弃什么。

五、目标必须灵活

我一个朋友的电商公司某月的销售目标是 600 万元，但是受对手冲击，在 20 日的时候他们当月累计销售额还只有不到 150 万元。当我劝他调整目标的时候，他告诉我，这次目标调整了，以后定目标还有什么意义？

我们都知道，只有可实现的目标才有人会拼命。当我们究竟要不要调整的时候，我们思考一下，究竟我们是想要大家拼命干，还是想大家消极地看着目标望洋兴叹。

有一次，我们一款空气检测产品受对手新产品技术压制，我就主持了产品的目标调整会议。

我们当月度的目标已经明确遥不可及了，于是我组织了市场分析，重新测量我们的市场及销售，将目标下调 30%，同时也将在该产品上的投入预算与员工年终奖金下调，并召开集体会议进行探讨统一。

年底的时候我们达成了调整后的目标的 86%，不调整的话，可能很多人在六月就放弃了，50% 都不知道能否达成。

六、指标

一提到指标，我就会想到绩效。我认为，指标就是支撑组织目标实现的员工目标。很多企业绩效做得不大好主要是没有抓住指标的两个特性。

第一个特性：目标一致性。我相信不能把绩效万能化。但是我仍然看到某些公司美其名曰充分发挥绩效管理的功能，实际上这是在告诉员工，你结果不好可以通过巧言令色，魅惑你的领导来取得和拼命干活的人差不多的回报。

这是非常危险的导向，会让整个公司风气产生问题。所以绩效只对结果负责，和结果没有直接相关的都是管理人员的责任，不能用纳入绩效考核来掩盖自己领导力的缺失。

第二个特性：指标的预测性。我们常见的指标主要分两种，一种叫滞后性指标，也就是说等看到是否达成指标的时候已经是结果了，财务指标一般都是滞后性指标；另一种叫领先性指标，也就是说通过这个指标，我们可以预测结果是怎么样的。

大部分绩效管理的失败都是指标使用的问题。我公司就曾经考核店铺利润，某次和目标差距比较大，我拿店铺报表和店长沟通的时候，店长往往会告诉我"不是还有三天吗，这三天我有把握能够达成指标"。结果当然是没有达成了。

后来我采用了领先性指标，得到了极大的改善：

我先为店铺预定财务指标：本月销售额 100 万元。按照该店铺的正常情况来说能达到 80 万元，另外 20 万元预计做 4 场活动，每场活动预计耗时 1 天，引来 10000 人流量，转化率预计在 30%，按照客单价可以预计人均 19.9 元。

在实际执行中，第一场活动进行的时候我们就发现转化率实际在 49%，我们立刻就对设计页面和活动细节进行调整。我同时监督着日常的转化率和流量，与该部门负责人及时沟通，最终，当月销售额达到 112 万元。

| 领导力 |

在组织中,领导是指影响一个人或一个团队的行为;领导他人的过程是对他人产生影响的过程,影响他人做本来他不会做的事情,领导力就是影响力,但不是操纵力和控制力。

在这个时代,"产品经理""HRBP"等非管理者的统筹性岗位告诉我们,并不是只有领导才需要领导力,任何需要影响他人、让他人协助你去做事情的人,都需要有领导力。

如果我们要讨论领导力的表现是什么,首先就需要放下头衔,讨论那些影响他人的要素究竟是什么。

一、使命、愿景、价值观的践行

很多人觉得这些东西假大空,但是实际上,是我们很多时候没有实实在在地去做。这里我想讲一个反例:

2016年,由于华为节节升高的业绩,和很多公司一样,A公司也掀起了学华为的热潮。公司老总推行了华为的铁三条——"以客户为中心、以奋斗者为本、长期坚持艰苦奋斗"。还要求员工实行996工作制。然而在三个月之后,这项目就变得虎头蛇尾、无人再提起了。

作为该企业HR的好友,我全程参与了他们这个项目。为什么他们学不会华为?

提起以奋斗者为本,我首先想到的都是去年刷爆朋友圈的新闻"年终奖总额1500亿,入职3年能分到18万"。不管信息准确与否,华为对员工很大方这是公认的,并且传闻华为创造了几百个千万富翁,上千个百万富翁。

创造这些百万富翁的正是背后的员工持股制度。而该公司老板一边强调着"以奋斗者为本",一边要求员工无条件996。口号和制度两张皮,几乎所有员工都哀声叹气,有几位优秀员工还选择了离职。

至于以客户为中心,实际上是以忽悠客户为主,产品出现了问题,从基层到高层所有人都是考虑如何忽悠客户不投诉。企业文化和口号是两张皮。

关于长期坚持艰苦奋斗，任正非有一张图片曾经刷爆朋友圈，我们看到身为华为的老总，深夜里一个人在等出租车。当时不少人就说，这是在作秀。但是，即使是作秀，那也是他用亲身行为告诉了华为全体员工，什么叫坚持艰苦奋斗。

而提倡学华为的老总，却开豪车、吃大餐，然后告诉员工要坚持艰苦奋斗，自己都严人宽己，如何能影响别人为你的目标去奋斗？

领导者的言行不一致，宣扬的使命、愿景就没有制度的保障。

二、关怀也是领导力

设计组织构架的时候要控制管理幅度以达到有效管理。那么究竟什么是有效管理呢？

我的定义是，管理者需要知道员工的喜好、员工的需求、员工的状态。唯有清楚员工的各项情况，才能知道怎么激励员工，什么时候需要激励员工。

员工为什么给一个领导卖命，不外乎"士为知己者死"。当你不懂员工的时候，就会发生你给员工加工资了，结果员工私下抱怨，宁可少赚点，也想多点私人时间。领导者如果不能清晰员工的需求，不能引导员工的需求，任何领导力课程都毫无意义。

三、HR 在领导力里发挥的作用

我们需要先和自己的领导确定的是，希望 HR 在领导力里发挥什么作用。我认为优秀的 HR 应当是企业领导力的第一任务人。

组织提取使命、愿景和价值观，并通过制度以及践行建立良好的企业文化，督促他人践行。关怀核心人员，以及监督直线领导的关怀是否做到位。阿里巴巴的政委制度，是这方面最好的实践。

世界500强
人力资源总监
管理手记

培训内外表现迥异，问题出在哪里？

> 培养执行力的关键在于体制和环境的问题：有没有建立PK、给予希望、及时反馈、同甘共苦、认同肯定。管理好员工的意愿是最重要的，而制度必须顺从甚至引导员工的意愿。

我们经常可以看到，培训机构打着"增强团队执行力"的旗号，在企业内部大张旗鼓、轰轰烈烈地搞着各种培训。让人疑惑的是，培训时，参加培训的人员大都变得积极主动、执行力超强。但是培训结束后，同样的一批人，几乎一夜间回到了受训之前。

于是不少企业像吸了精神毒品一样，虽然质疑这种执行力的培训，但又没有办法停下来，总想着下一个讲师或许能带来不一样的效果。每一个老板都想把自己公司里的员工改造成"把信送给加西亚"里的安德鲁·罗文。

那么，到底什么是"执行力"的本质？

| 为什么培训时，人员会表现出强执行力？ |

我曾经参与过某公司"打造超强执行力"的培训。回顾培训整个过程，当时参与培训的所有同事都积极、主动、执行坚决迅速。现在回顾起来，当时之所以有那种效果，主要原因在于以下几个方面。

本文作者吴超智

一、分组和 PK

这个实际上是培训里最重要的元素。甚至，很多时候就算没有奖品，PK 也是激发人员动力的一个重要因素，不仅没有人愿意承认比别人差，更重要的是唯有对比才能让人对结果有期待。

二、希望

PK 的前提必须是 PK 双方势均力敌，而在培训的时候，讲师经常会给弱势一方添加砝码。比如，已经是 1∶3 了，这个时候下一个题目的得分可能会有 3 分，这样给弱者带来翻盘的希望，给强者施加压力。

三、及时反馈

我们在各种管理学，或者是在与绩效相关的文章里，不止一次地看到对"一分钟内反馈"重要性的强调。但是，现实中却很少有企业真正能把这个及时反馈做好。

我们在当时的培训中像疯子一样大吼口号，因为讲师告诉我们，这么做可以获得分数，而且能实时看到变化。所以我们为了竭尽全力地突出自己，力竭声嘶地吼叫。

四、连坐

每个团队都可能既有沉默寡言的人，也有激情四射的人。但在培训现场，几乎所有人都变得激情四射，这也是很多老板痴迷于洗脑式培训的原因。

那么到底是什么改变了这些人呢？

在透明及时地公布分数的前提和团队 PK 下，团队内成员被连坐了。及时反馈调动了那些积极的人，而连坐则"绑架"了那些并不是很积极的人。这样，本来并不积极的伙伴也会因此拼命努力，因为他们不想拖团队的后腿。

5. 肯定

那次培训中可以记录下当场受训的每一个团队的得分，以及每一个人的排名。所有的人会为每一次排名的公布而欢呼雀跃，因为自己的成绩得到了别人的肯定。

| 为什么培训完之后，执行力没发生显著变化？ |

相信每家公司的老板都头疼这个问题。他们会认为，培训执行力这个东西确实有用（受训的时候激情四射），只是效果不能持续。这里我想说，这本身就是一个错误的认知。

这里有一个我亲身经历的故事：2013年，我在某物流公司担任大区 HR 经理。当年 7 月我在某大学招了三十多位应届生，分配到 8 个分公司。由于这批生源特别，我特意做了跟踪，在到岗一周、一个月、三个月以及半年内，都一一向每个分公司的经理了解这些应届生的情况。

第一周结束，几乎每一位经理回复我的都是：吃苦耐劳，机灵有干劲。

第一个月结束，基本保持了第一周的状态，除了有一位学生因为个人情况而退出。

第三个月结束，有几个分公司的经理开始抱怨新加入的小伙伴不怎么积极了。

第六个月结束，已经有了很大的差距，好几个分公司经理开始抱怨：新员工都变成老油条了，并且开始出现人员流失；而另外一个分公司的 3 位应届生，则开始受到上级重视，其中一位还获得了破格提拔。

同样的一批人，都被随机分配，后来结果却不一样。人并没有发生变化，变化的是人所处的环境。

为什么执行力是一个伪命题？

人是环境的动物。我们会发现，有干劲的人，他所在部门的其他人一般也有干劲；而没有执行力的人，他待的地方一般也都没啥执行力。另外一些人原本没啥干劲，但换了个公司，突然就变得很活跃了。

所以，为什么很多培训后来并没有什么用？因为，在这些所谓的执行力培训里，基本都搞成脱产的封闭式培训，整个环境和实际的环境是不一样的。

比如，在实际环境中可能存在赏罚不公。但到了培训现场，不但奖罚公正，而且还及时公布；在实际环境中大家相互之间存在利益冲突，到了培训现场，不仅利益一致，还相互成就。

所以，培养执行力的关键在于体制和环境的问题：有没有建立PK、给予希望、及时反馈、同甘共苦、认同肯定。换句话说，确保执行力的关键问题是规章制度和管理方式的问题。

| 为什么我们很多规章制度下发后却没有作用？ |

我特别欣赏一句话："如果制度不对，那一定不是制度的问题，一定要向根源去追寻。"

我曾经任职一家电商企业，里面有位部门负责人W，不管是什么制度，他总会跑出来说这个制度有问题，有时甚至带头钻制度的空子。

有一回，我们讨论要规范员工吃早餐方面的管理。当时管理比较松散，不少同事上班后还在工作岗位吃早餐，影响很不好。后来公司就出了一条规定，禁止8点半之后吃早餐。第二天，W居然在早上上班时间请周围的人吃鸡腿。我发现后，当然很生气，就去找W，结果他说："我没吃早餐啊，我这个是零食。"

当时作为一家互联网公司，我们一直强调自由的工作环境。如果一刀切，把上班时间不准吃任何东西规定下来，那肯定会引发大

世界500强
人力资源总监
管理手记

量的不满。后来我提了一个建议：对每个月在上班前结束早餐的员工给予一定的小奖励，结果就好了很多。再后来通过部门构架调整、小组间 PK、结果细化和公布，基本就解决了这个问题。

再退后一步，想想为什么员工会在上班时间吃早饭？作为互联网公司，管理松散是一个原因（但这是我们追求的），主要还是我们没有引起员工对工作的重视和紧迫感。

世界上不存在没有漏洞的制度，区别在于员工愿不愿意去钻罢了。而那些拥有大量创意类岗位的公司，更加不能靠威慑和压迫去进行人员管理。所以，管理好员工的意愿是最重要的，而制度必须顺从甚至引导员工的意愿。

| 我们怎样才能帮助员工培养执行力？ |

通过以上分析，我们已经发现了，最重要的是员工意愿。为了实现这个目的，HR 部门可以在以下方面做一些工作：

1. 人员挑选：尽量寻找有意愿的员工来做相应的事情。
2. 团队发展：建立 PK 与公布制度，让该 out 的人 out，该成为标杆的人有收获。
3. 任职资格：必须清楚地让员工知道，老板需要的是什么，这个不仅是停留在宣讲方面，重点是主张奖励什么和处罚什么。
4. 绩效管理：必须让员工知道，他的贡献对于团队意味着什么，团队的目标和他有什么关系。

最后，当然是高管必须身体力行，老话说得好："其身正，不令而行，其身不正，虽令不从。"总之，只有通过以上途径管理好员工意愿，才能获得高执行力的团队。

HR 三支柱搭建和协同之经历者视角

三支柱的建立也是为了满足变化的诉求，不变的也只有变化，分享三支柱也只是希望大家感知一个事情，这些可能是新的理论或实践，一定是根植业务诉求、符合管理的常理，在那个阶段或场景，带来它的价值。

| HR 发展的四个阶段 |

我叫 Baker。我今天基于自己所经历的三支柱，给大家一些关于搭建和协同的分享。华为当时跟翰威特合作，做了高阶的共享中心方案，我没记错的话是 400 页 PPT。我无法面面俱到，所以这里只是给大家一个概括。

在进入这个分享环节之前，有几个问题想问一下：第一个，我们在座的有九零后和零零后么？为什么问这个问题呢？因为之前 Michael 说了一句，就是当我们的思想，和年轻一代有代沟的时候，那一定是我们错了。所以呢，今天你们如果有什么想法，请直接举手。因为今天来了，表明大家都是对 HR 还蛮有追求的。

第二个问题，你们在自己的企业，是真的想搭建三支柱，还是想把这个概念传递给老板？（大部分人回答想搭建三支柱）看来还是有意愿建三支柱的人更多。

我们在做一件事的时候，一定有一个诉求的原点，就是为什么

本文作者 Baker，根据 2017 年 3 月 4 日 HR 成长部落上海线下活动分享整理。

要做这个事情？实际上，HR 的发展过程中，是有四个阶段的。

第一个阶段是人事阶段，就是搞考勤啊、社保啊什么的，这一类我搞过，但不是很擅长。

第二个阶段就是 HR 的功能。在这个阶段，我们发现考勤、社保等不能满足业务需求了，很多 HR 工作我们需要专业分工，渐渐地完善了 HR 的各个功能构成。

第三个阶段就是业务伙伴（BP）。华为的业务伙伴是 BP 一条线下去，同时 BP 这条线有另外两条线来支持，就是共享中心和 COE（Center of Expertise）。深度耦合到业务中，HR 需要助力业务，如同增加土壤肥力，多打粮食。

第四个阶段就是战略驱动。HR 要深度参与战略，以国家为例，我们作为战斗部队的一员参与其中，基于国家的人力资源市场现状，行业的高端分布等去助力战略的市场洞察和战略解码的 HR 落地。

| 三支柱构建的人力资源体系 |

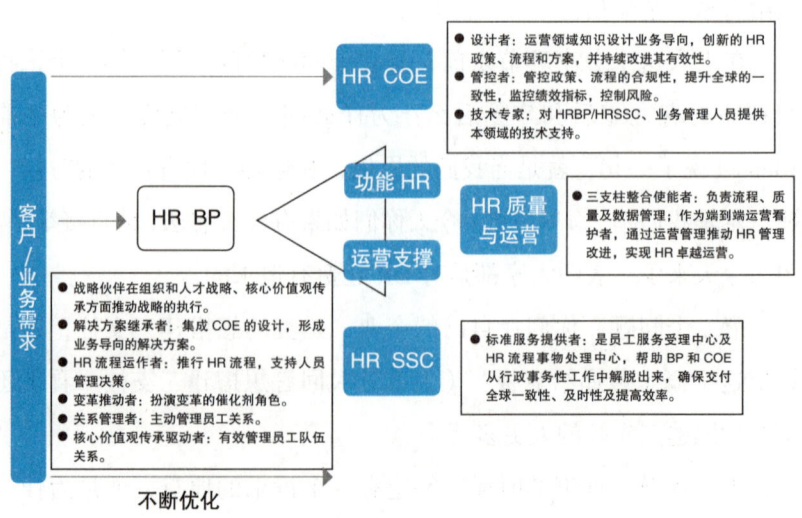

华为是从 2011 年开始做 HR 三支柱的，其实在 2009～2010 年左右就已经开始转型了，就是有一个高阶的概念。我今天基于个人的经历给大家分享三支柱的人长啥样、他的画像是什么样的、他到底承担什么职责，等等。这样让大家后面好有一个合适的定位和界定。

| BP、COE 和 SSC 的运营 |

三支柱如果想在华为活下来，那一定要以客户为中心。HR 的客户其实就是我们的管理层、员工、骨干等。建议我们 HR 一定要有这样的理念。具体来讲，这些人是一个什么样的画像呢？

我把这几个词抛出来，可能你没有什么感觉，因为这些都是很概念性的。但是为什么要这么搞呢？第一，统一语言。大家的语言都统一起来，才能更好去实践和提升；第二，就是门槛。这个活不是谁都能干的，他有他独特的专业性。

COE 往往基于组织的管控诉求来识别组织痛点，能够进行政策设计，去论证实施，需要对这个领域的底层逻辑和业务先进实践有很深的积淀。所以，COE 就是设计者、管控者、技术专家。

那 BP 呢，他们是战略伙伴、组织人才、核心价值观传承者，还有解决方案的继承者、流程运作者、变革推动者。

最后是 SSC，他们就是标准服务的提供者。把很多工作基于流程来梳理，结合流程和有序分工，实现高效高质交付。据我所知，从 2017 年 1 月份开始，SSC 在做组织变革，把它变成一个集团层面运营中心，就是为了管理者可以随时看到业务量表。

华为也是从业务出发，为了更好地支撑产业运作和全球化，HR 就需要转变一下。我们当时要考虑两点，一个是历史是什么样的，第二个就是业界的最佳实践是什么？在 2011 年的时候，我们能模仿、能借鉴、能学习的一个最佳组织是 IBM。

有个案例：飞利浦当时组织机构臃肿、管理费用庞大。飞利浦后来建立了共享中心，管理费用削减了 3 个亿，HR 和员工的比例从 1∶53 提升到 1∶109。如果和老板汇报的时候，HR 把这个结果一展示，你的价值一下子就呈现出来了。

所以，我们在整体上做了 BP 和 COE 现有事务梳理、SSC 的交付运营，完成了 BP 和 COE 的组织设置，以及优化了 BP 和 COE 的协同。坦白讲，2011 年那时，大动作就是做了共享中心。其实很简单，就是把一些事情集中起来做，对自己的定位就是一个运营中心以更低的成本，提供更有效、更优质的客户服务。

| HR 三支柱的搭建 |

随着三支柱的搭建，2011~2012 年左右共享中心就差不多建好了。共享中心在这里包括的主要内容，就是运作模式、后勤渠道、HR 目标服务群体、服务范围、技术应用、运营管理、人员设计、选址和服务采购，基本上这就是一个完整的方法论。

运作模式和获取渠道：我们采用的是三层交互，这三层也是我们提供服务的渠道。

第一层是内部的 W3 工作平台，管理者自助或者员工自助，你进去了就可以发起你的需求。这是第一类。你想看你还有多少配额假期，鼠标一点，系统上就显示数据；你想了解如何转档案，点击后，按照指引你就知道怎么办了。对这一块会很重视界面引导，界面的流程逻辑等都会审视，确保员工能够清晰地完成操作，减少升级。对这个最大的诉求就是亲和，当时有外部顾问一起来进行这些优化实施。

第二层是呼叫中心。其实就很简单了，比如有人打电话说我不知道为什么我收到了一个考勤异常的通知，能不能帮我看一下啊？客服中心的妹子就会回答你。这都是后台团队基于政策流程和实践，整理一个初版的 FAQ，然后能够支持管理会议，实现能力的后端向呼叫中心转移，提升效率。呼叫中心后来做了一个机器人项目，机器人可以基于 FAQ 回答你的问题。实质是一样的，可以减少呼叫中心的工作量，同时让服务时间也得到提升。

当然这也是有一个知识管理的，我记得用的是 CRM 的内部管理系统，当时也是跟惠普合作的。具体交付就是一个三层的处理：自助服务、语音沟通和事务处理。语音沟通这个环节，后来做了一个机器人项目，就是自动告诉你怎么做的一个过程。

到了第三层就是事务处理中心，这个团队需要承担起知识管理不断优化和赋能前端，实现问询类需求的闭环。同时，本身还承担具体的事务处理，比如完成具体的员工发薪、卡证管理和社保操作等。

HR 服务目标群体：高层、一般管理者、员工、HR 和外部人员等。对于每个群体，我需要在 SSC 上给他提供什么？比如，对于高管而言，可能是需要一个及时的动态数据；对于管理者而言，可能是需要一个例行的员工配置信息；对员工而言，他需要的就是一些数据的资讯、社保能不能补，等等。我们要定义出服务群体和他们的需求，才能去优化我们业务提供方式，去满足不同的服务目标。

服务范围：SSC 会基于客户需求，以及自己的职责定位，整理出业务服务的范围，就是什么样的业务可以纳入 SSC，我们会跟各体系的 HR 去做收集和沟通，对业务进行判定。基本上就是把原则给到，通过问卷汇聚，然后再组织研讨，接下来，我们就去澄清业务流程，然后把这些工作落地到 SSC 各组成部门上，让他们组织交付。那具体的原则是什么呢？主要是：事务性、标准化、清晰定义、可以文档化、可以自动化、可以量化、注重指标。

技术应用：这块其实大家大致了解就好，主要是会设计自助服务系统、呼叫中心管理、事件管理、知识管理等系统，基本采取业务、IT、顾问共同开发实现。

运营管理：运营管理主要的应用是在具体上线后，我们会基于管理者对 SSC 的诉求，结合外部顾问提供的业界管理，来整理初步的指标库。具体的运营指标，我们采用平衡计分卡：客户（满意度、SLA 等）、财务（人力预算执行、财务预算执行等）、运营（首次问询闭环率、数据准确率等）、学习成长（任职资格率等）。运营的过程中，每周对这些指标进行审视，当发现比较大的问题，我们就成立一个项目来实现优化，这个整体思路跟一般的运营和项目的逻辑是一致的。

人员配置和设计：这块其实需要解决几个问题，比如要多少人：主要是基于对纳入业务的工作量进行预测，配合管理人员投入思考；要什么样的人：不同类别的人员不同，但大体都是有此类背景的，对这个工作有激情；人从哪里来：呼叫中心很多都是从外部进行招聘补充，事务中心通过原流程的执行者切入，以及部分新员工补充。运营管理类则定点获取业界有经验人员。

选址和服务采购：选址主要考虑业务规模，人才聚集，以及基础设施建设。比如当时，我们一度考虑将服务中心向成都迁移，也在马来西亚设置了共享中心，都是从人才的供应上考虑的。

| 角色认知 |

SSC、COE 和 BP 组织建立基本在 2011～2012 年就差不多落地了，但是 COE 和 BP 的角色其实在近几年才开始提及，进行角色认知的研讨等。COE 和 BP 各自领域本身都有很多理论探讨和实践经验，今天时间关系，我从一个调薪的案例给大家带来一些感知。

COE 会有政策和管理原则，比如遵循预算管控，国家自我管理，加快绩优人员工资水平市场竞争力提升，助力增强土壤肥力，多打粮食；BP 在"国家层面"时间的时候，他需要进行调薪方案的设计，比如，基于经营预测，整体调薪包可以在 ×× 万内；建立代表处的导向，这个就要变成能够具体操作的数据和指标来，比如绩效为 A,

CR 低于百分之多少，可以调整到百分之多少，绩效为 C 人员不调整；组织代表处内部的评议和申报；审批通过后，在发薪日前组织主管的调薪沟通赋能，确保导向传递清晰。

SSC 获取到审批通过的调薪数据后，会在发薪日调整发放。整体就是这样一个业务协同方式。

三支柱的建立也是为了满足变化的诉求，不变的也只有变化，分享三支柱也只是希望大家感知一个事情，这些可能是新的理论或实践，一定是根植业务诉求、符合管理的常理，在那个阶段或场景，带来它的价值。

世界 500 强
人力资源总监
管理手记

用一个小案例揭示组织变革成功的奥秘

在企业当中，如果没有特别紧要的情况，贸然实施变革通常是风险极高的。而当企业内外部环境发生重大变化时，往往是开展变革的最佳时机。成功的组织变革取决于变革领导者和组织成员的沟通、沟通、再沟通。

近日的朋友圈被"总教练刘国梁调离中国乒乓球队，男队退赛抗议"的话题刷屏。从公开信息来看，这次事件的起因是国家体育总局对中国乒乓球队进行组织变革。

变革前的中国乒乓球队教练团队结构如下图，共有三个管理层级。变革后只有一个管理层级，乒乓球队领导直接面对下面的男子教练组和女子教练组。

```
            总教练
   ┌──────┬──────┬──────┐
男一队主教练 男二队主教练 女一队主教练 女二队主教练
   │      │      │      │
 教练员  教练员  教练员  教练员
```

此前，中国体操队、中国射击队和中国羽毛球队都进行了类似

本文作者 Freda

的管理架构改革。因此可见，"扁平化管理"是体育总局目前在运动队大力推广的新组织管理模式。

从组织发展的理论来讲，扁平化的组织架构，因为缩短了决策机构到执行机构的距离，因此有助于消除组织内的官僚作风，加强组织效率。

目前，市场上很多互联网公司实行的正是这种扁平化组织架构设计。但是，一次本意良好的组织变革，却事与愿违，最终引发运动员退赛，导致了恶劣的影响。

这样的场景，对很多企业的管理者们来说，是否觉得似曾相识？那么，就让我们来做个盘点，分析一下这次国乒队的组织变革跌进了哪些坑：

| 必要性 |

从舆论的报道，我们有理由相信这次变革并没有让组织中的所有成员感受到变革的必要性。

中国乒乓球队是世界上比赛成绩最好的球队，没有之一。如此常年保持顶尖绩效的团队，放在世界范围内也是极其罕见的。

在这个时刻，为什么要对这样的球队做变革？变革的出发点是什么？效果如何？都还需要时间来检验。

但在企业当中，如果没有特别紧要的情况，贸然实施变革通常是风险极高的。而当企业内外部环境发生重大变化时，往往是开展变革的最佳时机。

| 领导力 |

在组织的重大变革中，往往需要一个强有力的领导或领导团队。国乒的这次改革，第一个被调离出团队的就是总教练刘国梁。事后球队部分队员还在微博上公开挺刘国梁，这在一定程度上说明他在

队内的地位。

对于企业来说，进行变革是很正常的，但得不到组织内部成员的支持，这样的变革大多很难成功。

| 沟通 |

成功的组织变革取决于变革领导者和组织成员的沟通、沟通、再沟通。

此次变革，到底会为球队带来哪些好处？和中国整个乒乓球队的战略发展方向是如何结合在一起的？变革中的一些关键人事调整到底出于什么考虑？

从后来事件的发展来看，很显然，这次变革的操盘者并没有把这些关键信息在组织内部畅通无阻地沟通下去。所以，队员们对变革产生各种看法也就不足为怪了。

那么，一个组织应该如何有效开展组织变革呢？

笔者在一家互联网公司曾经亲身经历过一次组织变革。这次组织变革发生在这家公司的客服部门，变革的目标是为了从"解决客户问题"转型为"提升用户满意度"。

第一，必要性和紧迫性。客服是公司与用户沟通的窗口，各个部门都希望从客服获得一手的用户信息，而一线客服也渴望提升部门在公司的影响力和价值。当时正值公司业务调整，因而突出了这次变革的紧迫性。

第二，领导力。公司为本次变革成立了一支强有力的变革领导团队。在客服部内部，由各部门负责人牵头，各小组管理者和HRBP自发组成变革领导团队。

第三，愿景。公司从一开始就明确提出了本次变革的愿景，即要从以前的"解决客户问题"转型为"以提升用户满意度"为中心。

第四，沟通。变革开始前，变革领导团队利用各个周会和各种场合,公开讨论此次变革的愿景;团队管理者们与每个客服逐一沟通,解答疑惑,打消顾虑。所有人都清晰地知道组织和业务流程将发生什么变化,以及变化后对人效和个人发展会带来什么好处。

第五,移除障碍。变革实施者首先识别了本次变革可能遇到的各种障碍,然后相应地调整组织架构、岗位职责、绩效考核标准、培训方案、质检标准和薪资结构等。为了适合变革愿景的要求,IT系统还进行了相关优化。

第六,创造短期成效。新的 IT 系统上线后,客服工作效率明显提升。同时,还能同步看到工单跨部门流转和推进。通过将这些成效沟通给组织的成员,客服、技术以及协作部门都备受激励,渴望变革后能够带来进一步的收益。

第七,巩固成功,继续推进变革。IT 系统上线后,电话客服得以实现拆分为前台和后台的基础。前台客服接听所有电话,不能即刻解决的问题流转至后台客服处理,工作效率得以进一步提升。客服人效提升后,有了更多的时间去分析数据,提炼出提升用户满意度的建议,并反馈到其他部门。因而,组织变革的获益人群进一步扩大,进一步推动了变革。

第八,固化、沉淀。组织变革带来员工行为和意识的变化。"提升用户满意度"成为客服组织文化的一部分,并通过人力资源的招聘、培训、绩效和薪酬等环节得到了固化和沉淀。

通过以上步骤,我们便顺利地完成了一次看似并不轻松的组织变革。

人才管理篇

人才盘点和继任者计划的若干细节问题

继任者计划成功的关键在于对每位继任者的 IDP（Individual Development Plan，个人发展计划）的跟进。

应韩美制药人力总监 Megan 的邀请，我在人力百科互助群做了一次主题为"人才盘点和继任者计划"的分享。活动有超过两百人报名，群众对这个主题的兴趣完全出乎预料。分享结束后大家热情不减，又抛出了不少有深度的问题。因时间所限，我当时的回答较为简略。还好后来把所有问题都一一记下，这里重新梳理了一遍，增加了一些个人思考。

怎么能够让部门负责人或公司负责人愿意做本岗位的继任者计划？

继任者计划一定要业务领导主导，最后才会取得成功。如何从一开始就获得业务领导的重视呢？之前我在个人公众号发表过一篇文章——《动荡时期的 HR 应该做些啥？》，文中曾经从一个角度分析过这类问题。

对每个企业而言，在不同的发展阶段，都可能出现高峰期和低谷期，随时可能出现业务震荡，随之而来的就是人员震荡。做人才盘点和继任者计划就如同我们平时做消防演练，起到的是"养兵千日，用兵一时"之效果。假如平时不做好人才储备，准备好应急方案，那么一旦发生人员震荡，势必会给企业带来灾难性的后果，这是每一个理智的业务领导者都不希望看到的结果。因此，HR 有必要向业务领导者阐明利害关系，让其认识到做继任者计划的重大意义。

| 创业 2~3 年的公司需要做人才盘点吗？ |

创业公司做人才盘点的迫切性和重要性甚至超过了成熟公司。创业公司编制少、人员规模小，前期进入的都可以看作公司的骨干人员，恨不得一个顶几个用。这些人员的流失势必引发整个企业伤筋动骨，给企业带来的损失远远超过成熟企业中的人员离职。因此，创业公司更应该早做准备，通过人才盘点和继任者计划，提前做好关键岗位人才的短期和长期规划。

| 扁平化结构的组织，管理岗位有限，上升通道有限，如果做继任者计划，员工未来没有办法在本组织找到合适的管理岗位，如何有效避免人才的流失呢？ |

在扁平化的组织（比如一些创业企业），职业通道更多应该考虑的是横向移动，而不是垂直移动。员工在企业工作，追求的除了薪酬福利之外，一般就是自身的发展提升。企业需要向员工传达一个理念，就是自身发展提升不一定需要靠垂直晋级实现，通过在组织内部横向移动，掌握不同的工作技能和积累更广的工作经验，同样是一种自身的发展与提升。

只有掌握这些综合技能、练就过硬的综合素质，才有可能让自己在未来向着职业生涯更高的层级冲刺。否则，根基不实地向上发展不过是建设空中楼阁，随时都有坍塌的危险。很多大公司为员工提供平级轮岗机会，其实也是这个道理。

人才盘点的整个周期一般持续多久？

根据市场实践，人才盘点的周期长短不一，长的持续 10 个月到 1 年左右，短的 2 个月到半年都有。周期的长短取决于多种因素，比如，盘点岗位规模、人才信息系统的完备、管理者对人才盘点工作的熟悉和认可程度、业务高层的支持、人才盘点标准（胜任力、潜力等）的准备就绪程度，等等。

如何梳理跨部门人才库？

人才盘点中会涉及大量的人才数据，而很多数据有可能是企业现有基础人事档案数据库没有的，比如，过往工作经历、工作技能、项目经验和人才测评结果等。人才盘点的过程和未来行动方案的实施都和这些人才数据紧密相关。如果能够通过信息化系统来梳理公司人才库，尤其针对那些人员规模较大的企业，可以起到事半功倍的作用。

有实力的大公司，通常会单独购买一套人才管理系统，或者购买现有人事系统中的人才管理模块；资源有限的公司，可以考虑自行开发相对功能比较简单的软件来达到目的。我们曾经只用 Excel 建立数据库来实施人才盘点的过程，比较辛苦，有条件的话，我们强烈不建议这样做。

继任者计划应该如何做后续跟进？

继任者计划成功的关键在于对每位继任者的 IDP 的跟进。企业可以用不同的办法来推动管理者对继任者发展计划的后续跟进，比如，将继任者 IDP 的实施纳入管理者本人的绩效考核与未来提拔中；HR 定期（每半年或每季度）统计所有 IDP 的实施情况，在公司高层会议上公布实施现状、找出差距，并落实下一步实施的目标和责任人；管理者和员工相互之间坦诚沟通员工的 IDP，这样，员工也可以反过来敦促管理者对其 IDP 的后续跟进。

| IDP 给所有员工做还是只对继任者和关键员工做？|

一般企业都会要求给所有的员工做 IDP，但管理者和 HR 只会对继任者和关键员工的 IDP 做重点追踪。

| 人才盘点的维度为什么不是潜力和绩效？|

这个需要视不同的企业情况而定，我曾经看到过企业使用不同的维度作为人才盘点的标准，比如，有的使用绩效和胜任力，有的使用绩效和潜力，我甚至还见过 GE 使用绩效和价值观。具体使用什么标准作为盘点维度，我觉得取决于以下几个：

企业内部是否事先已经清晰定义了需要使用的那个维度，比如胜任力或潜力。据我观察，大部分企业都建有很清晰的胜任力模型，但是并没有对"潜力"作准确定义，大部分时候都是管理者的主观打分。如果标准定义不清，建议谨慎使用。

企业内部文化强调的重点是什么。比如 GE，非常强调员工和企业价值观的一致，所以把价值观也作为人才盘点的一个维度。

就我自己实际操作的经验而言，我们建有完善的胜任力模型，但并没有过一个确切的潜力评估标准，所以一直使用胜任力和绩效作为两个盘点维度。一般认为，胜任力和绩效九宫格的右上方三个空格区域是潜力人才的主要来源之地。

| 继任者计划要不要和员工沟通？|

同样，要不要沟通，也取决于公司的文化、管理者的成熟度和对团队管理的自信度。在过往经历中，我曾经见过经理和员工沟通继任者计划的，也有不沟通的。在我们现在的实际操作中，是把决定权交到了经理手上。不过，经理在决定与员工沟通继任者计划之前，

需要认真考虑一个问题：继任者计划并非对员工未来发展或晋升的承诺，一旦沟通了继任者计划，经理该如何引导员工？如何避免员工产生不现实的期望值？

| 如何处理在任者和继任者的关系？实际如何操作？ |

在任者和继任者在平时的日常工作中，双方依然是正常的上下级关系。只不过，管理者特别需要注意的是：相比于其他的下属，对于继任者的个人职业发展要重点关注，定期评估继任者与在任者之间的能力和经验差距，并时刻确保继任人 IDP 的按时实施。

| 人才盘点成功与否的衡量指标是什么？ |

衡量人才盘点和继任者计划成功与否的指标包括：员工敬业度调研得分、组织健康调研得分、关键岗位的内外部招聘比例、关键岗位的人才主动离职率、高潜人才的主动离职率、关键岗位具备短期和长期继任者的比例。

| 影子计划是什么？ |

这里的影子计划就是 Job Shadowing 或 Shadowing Program。这是在职培训和领导力培训中常用的一种手段。在影子计划中，把一名待培养的初级员工安排到一名资深员工身边工作一段时间，让初级员工可以全方位近距离地观察、学习资深员工的日常工作细节，资深员工也会利用这种机会向初级员工传授自己的经验和技能。公司不同，对这种计划的称谓也不同。比如，有的公司将这种机会叫做 EA（Executive Assistant）：将一名需要重点培养的高潜人才派给公司 CEO 或 VP 做几个月的助理，让高潜人才可以迅速积累更高层级的工作经验，同时培养掌控全局的视角。

雅虎 CEO 在人力资源管理方面犯了哪些错误？

世界 500 强
人力资源总监
管理手记

> 雅虎的 CEO 梅耶尔最终失败了。我们从旁观者的角度来好好回顾一下这段历史，希望它能够为后来的人力资源管理从业者起到一个借鉴作用。

美国 Verizon 公司本周以 48 亿美金的价格收购了雅虎公司核心互联网业务和资产，曾经市值高达 2000 亿美元的世界第一代互联网代表企业就此谢幕。此番收购结束后，雅虎剩下的资产只包括雅虎在中国阿里巴巴和日本雅虎所有的股份及一些专利资产，未来的雅虎将不再是人们熟悉的那个雅虎了。

遥想 4 年前，37 岁的谷歌副总裁梅耶尔以带孕之身火线入主雅虎，取代因学历作假而被迫离职的前任 CEO。人们当初对梅耶尔带领雅虎实现复兴寄予厚望，大家都把她视作硅谷的第二个桑德伯格（Facebook 首席运营官）。之所以有这样的期望，是和梅耶尔的炫目背景分不开的：毕业于斯坦福大学，是谷歌的第 20 号员工，也曾经是谷歌的第一位女工程师，2005 年升为谷歌副总裁，曾经负责了谷歌搜索引擎界面、Gmail、谷歌 News 等多个产品。

当然，2012 年梅耶尔加入雅虎之所以引起轰动，还有另外一个原因：据当时一家薪酬研究公司的数据，梅耶尔在雅虎任职 5 年的总薪酬将超过 1 亿美元。尽管人们都习惯了大公司 CEO 们天文数字般的薪酬，但是梅耶尔能拿到这个数字还是让外界为之咂舌。而本周交易宣布之后，也已经有媒体统计，在为雅虎服务的4年中，梅耶尔的薪酬达到1.4亿美元，这还没有包括她价值5490万美元，被称作"黄金降落伞"的离职补偿。

梅耶尔入职雅虎之初，通过大刀阔斧的改革和收购一些技术前沿的互联网创新企业，如Tumblr，确实为公司带来了新鲜气象。2014年年底，公司股价一度攀升至历史高点，而公司前员工当时也曾掀起一股重返雅虎的热潮。然而好景不长，因为互联网市场的快速发展以及雅虎自身战略定位的失误，公司从2015年年初开始走下坡路，直至今日。外界将其中相当一部分因素归咎于梅耶尔的自身领导力和在她领导下推行的人力资源管理政策。甚至，整个2015年，平均每隔一段时间就会出现一篇文章猜测梅耶尔准备啥时候走人。

根据我过去陆陆续续对相关媒体文章以及书籍的阅读后总结，梅耶尔大概在人力资源管理方面犯下了如下错误：

| 绩效管理 |

梅耶尔从入职公司伊始，便大力推行绩效考核的末位淘汰制。末位淘汰制因GE的推广而闻名，后来在很多美国公司中都实行过，但是这项政策的实施一直伴随着很大的争议。现在很多公司已经将这种制度废除，尤其在以创新为特点的科技公司中。根据媒体采访雅虎的离职员工，在雅虎，员工们甚至发展了对抗这种制度的办法。比如，根据末位淘汰制，每个员工每个季度要被考核一次，连续两个季度排在末位的员工要被淘汰。有的团队为了保证没有人会因为这项政策离开，于是安排大家轮流去当这个"末位"，这样就不会有人"连续"两个季度成为末位。

末位淘汰制容易引起团队内部的不健康竞争，破坏团队合作关系。对以创新为主的科技公司来说，大家需要树立团结互助精神，发挥团队优势，共同为一个创新目标而奋斗。团队管理主要依靠管理者的放权和赋能而不是管控去激发员工创造最佳绩效，这正是很多科技公司废除末位淘汰制的原因。

| 薪酬政策 |

梅耶尔在薪酬政策上推行的"中间值"原则也引起了巨大争议。梅耶尔推行这项政策的初衷是认为雅虎新老员工之间薪酬差距较大，那些在公司时间较长的员工拿着较高的薪水，她希望新规能够规避这种局面。所谓"中间值"，即算出公司全球范围内行政级别相同、做同样工作的员工的薪酬平均值。那些薪水高于平均值的员工被认为工资过高，除非业绩达到某个设定的较高参数，否则难以获得加薪；而如果薪酬低于平均值，只要绩效高于平均值，则能够获得加薪，但不会高于薪酬平均值。

而事实是，这种做法对于在公司时间较久的员工和新进来的薪水较高的员工都是非常严重的打击。能力强的员工一般比同一级别的人有更高的工资，而在这种薪酬限制下，他们便失去了激励，因为只要让业绩达到平均值，就意味着可以停下来不工作了，因为要越过新的指标更不容易。

梅耶尔在薪酬上出的另一个败招就是"奖励不忠"。为了防止公司关键的高管人员跳槽，梅耶尔对他们许以巨额的挽留奖金。这种做法，自然引来公司内其他忠心耿耿的员工的嫉恨。同时，也刺激了公司的顶尖人才到外面去寻找机会。在雅虎曾经发生过这样一件事：梅耶尔为了挽留公司的人力资源副总裁，专门为其重新创建了一个职位，让他可以在位于东海岸的纽约家中工作（雅虎总部位于西海岸的硅谷地区），同时对其许以数百万美元的挽留奖金，最终让该副总裁改变了辞职决定。而据说梅耶尔这样做的真正原因，是因为该副总裁原本要跳槽去为一个被梅耶尔"嫉恨"的人工作。

裁员管理

出于维护公司公众形象的考虑,梅耶尔在上任后采取了一系列秘而不宣的大规模裁员行动。但是这些裁员行动缺乏事先的周密计划,本来可以快刀斩乱麻,操作起来却拖拖拉拉,一次可以完成的裁员被拖延成好几次。结果造成公司内人人自危,严重影响员工士气。更糟糕的是,梅耶尔曾经在公司宣布裁员已经正式结束,结果宣布不久又重新恢复裁员,彻底毁掉了公司在员工心目中的可信度。

高管招聘

梅耶尔曾经花巨资招募了一批高管,但是因为缺乏对这些高管进行深入的背景调查,以及入职后和雅虎自身团队的融合,这些高管很多人入职不久便离职了,为公司造成了巨大的损失。一个比较明显的例子为:梅耶尔曾经从老东家谷歌招募过一位销售副总裁,入职之后担任雅虎的首席运营官。此人入职15个月后便因为无法达到公司既定目标而被炒了鱿鱼(据说他在其间总共拿到了约1亿美元的薪水和离职补偿)。另一例为:在雅虎原任首席信息官离职之后,梅耶尔花了1年时间来寻找该职位的继任者,后来终于录用了梅耶尔丈夫推荐的、来自Netflix公司的一位高管。结果,三个月后,Netflix对此人提起诉讼,告他在原公司就职期间从供应商处收受回扣。最后雅虎只能悄然让此人离开,此时离他入职雅虎还不到半年。

细节管理

梅耶尔的细节管理也让手下人抓狂。她曾经自称用了一个周末和一群设计师们讨论如何重塑雅虎的公司标识。当时的会议甚至讨论到细节"Yahoo!"后面那个感叹号应该倾斜到什么角度。梅耶尔参与制订了公司的薪酬政策,然后坚持要亲自审批任何与公司薪酬

世界500强
人力资源总监
管理手记

政策不符的特殊申请。如果一个经理需要为一位绩效优秀者涨薪，而涨薪幅度超过了公司指导范围时，该经理必须亲自向梅耶尔发邮件进行解释。此外，梅耶尔还坚持个人在每个季度亲自审批公司内上百名合同工和供应商的雇佣合同条款。有公司高管接受采访时曾直言不讳："她会逐条逐款地去审查合同条款，然后去决定合同到期时间。这可真是对CEO时间的一种巨大浪费。"

今天，雅虎以不到当年市值零头的价格贱卖，一切尘埃落定，之前媒体的各种预测最后都不幸成真。事实就是如此残酷，胜者为王、败者为寇。如果雅虎后来真的实现复兴了，梅耶尔在公司推行的某些改革措施就完全可以变成对她的溢美之词。但遗憾的是，她失败了。我们作为旁观者有必要来好好回顾一下这段历史，希望它能够为后来的人力资源管理从业者起到一个借鉴作用。

如何增加招到优秀人才的可能性？

我们考察一个候选人是否合格，需要考察的维度包括：智商、情商、价值观、潜力和技能。按照"冰山理论"，浮在水面以上的知识（智商）和技能都是表面现象，通过面试或现场考试很容易得出结果。面试成功的关键在于发现冰山沉在水面下的部分。

要问过去一年多时间里我们 HR 团队做出的最大改革是什么？我一定会毫不犹豫地想到招聘。

我们对招聘流程做了两大改革：

1. 在招聘流程环节增加了小组面试，也就是说，除了 HR 和直线经理之外，还由其他非直线部门的资深经理组成专家团，对候选人进行面试考核，并享有一票否决权。

2. 全面引入了测评机制，候选人要经过两次测评。首先在线提交简历后要完成一次在线的认知能力测试；其次在通过所有面试后，经理级别以上的还要通过专业内部或外部顾问的人才测评。

这样做的直接效果如何呢？

简单举个例子来说吧，以前招聘全靠 HR 和用人经理的主观判断。大量招聘进来的人中总会有几个"漏网之鱼"因为质量问题而受到其他同事的质疑。比如，你们是怎么把这人招进公司的呀？你们怎么能把这样的人招进来？

如今，这样的质疑式提问基本消失了。

就在刚刚结束的、我们为公司的招聘专家团成员举行的内训课上，当大家看到过去一年多里面经过专家团面试而成功入职的长长名单时，也不禁为这些新人的整体素质提升感到自豪和鼓舞。

之前，我和几位民企的 HR 朋友交流招聘心得的时候，他们对使用专家团进行招聘还能接受，但对候选人测评则提出了强烈的质疑。理由主要有两点：

1. 人才测评耗资巨大，作为一种招聘常态，不是一般中小型企业能够负担得起的。

2. 人才测评耗费时间，在企业招聘量大的情况下，会严重拖累企业的招聘进度。

这些理由看似非常充分，而现实情况却如此：企业如果想要得到对招聘人员客观科学公正的测评结果，往往需要外部专业机构的帮助。不论是你使用在线测评按每人次付费，还是使用外部专业顾问按每人每天付费，在企业招聘量足够大的情况下，这都是一笔不菲的费用。所以，最后导致很多企业对人才测评望而却步。

因此，在上次交流之后，我一直在思考该如何回答这个问题。难道人才测评真的就不适合那些中小型企业吗？

现在，在和内训老师充分交流并结合自己思考之后，我想我已经找到了这个问题的答案。

首先，这是一个企业是否真正舍得为招人投资的问题。

一方面，招聘环节中增加人员测评，必然会带来一笔不小的花费；另一方面，假如企业招聘了不适人员，那么造成的金钱损失可能更大。

这个金额可能是很多企业老板没来得及去思考的问题。根据著名人力资源咨询公司怡安翰威特的报告显示,员工在入职的第一年内离职所造成的损失至少为该员工年薪的3倍。注意,这里用词是"至少",其实有些情况下的损失数字会更高。

如果因为招聘到不适员工而后员工离职,一般会造成哪些费用损失呢?这里我总结一个清单:

1. 按照国家劳动法向员工支付经济补偿(员工被动离职情况下)。
2. 招聘该岗位的直接费用支出(招聘广告费、候选人差旅费、猎头费等)。
3. 公司招聘官为招聘该岗位付出的时间成本(HR招聘人员、直线经理、二线经理等)。
4. 离职员工的入职培训成本。
5. 离职员工的时间成本(通常需要3~4个月才能真正熟悉一份新工作)。

假如把上面的各项费用相加,相信结果一定会让人大吃一惊。而和这些费用相比,测评费用只是一个小数目。

其次,使用人才测评可以打破大多数面试官习惯在面试中依靠自己经验来考察和确定候选人的做法。

通常,我们考察一个候选人是否合格,需要考察的维度包括:智商、情商、价值观、潜力和技能。按照"冰山理论",浮在水面以上的知识(智商)和技能都是表面现象,通过面试或现场考试很容易得出结果。在水面以下的价值观、潜力、情商、自我认知、品质和动机等,却是无法通过几次面试就可以得出的结果。这个时候就需要专业顾问的介入,帮助企业去把这些东西发掘出来。

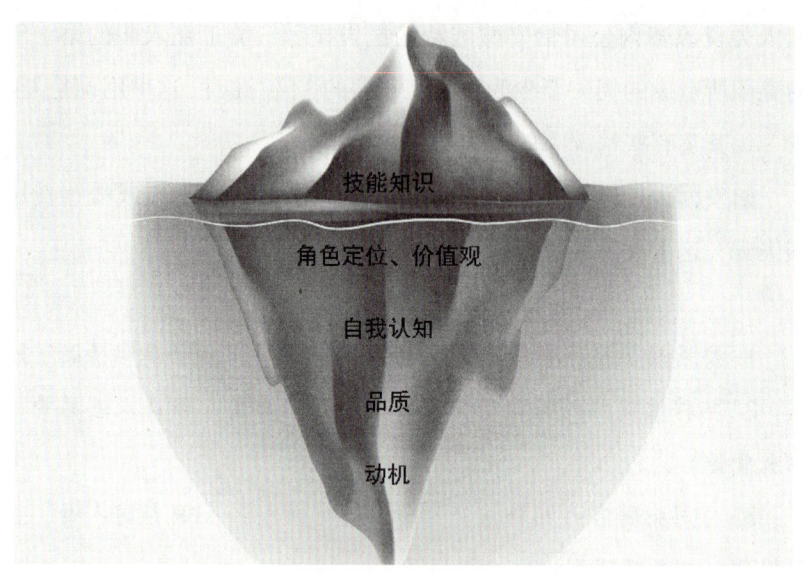

水面以下的成分比水面以上的成分更为重要。

比如，京东创始人刘强东就认为，公司在选择人才的时候，价值观应该是放在第一位的。在京东，那些能力非常强但价值观与公司不匹配的员工，被归为"铁锈"，对公司文化和团队文化的破坏性最强，是需要第一时间被淘汰的。

无独有偶，在阿里巴巴的用人体系中，也是绩效和价值观各占50%，那些绩效很好但是价值观与公司不匹配的员工，被归为"野狗"，也是需要首先被淘汰的。

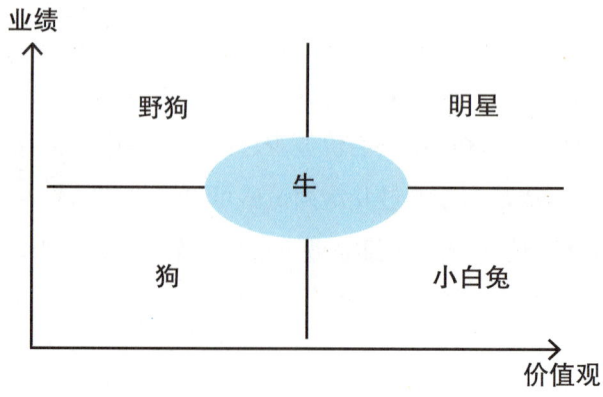

最后，企业可以在实际操作中做到合理控制成本。

1. 对于人员可替代性强的岗位，比如操作工、服务员等基层职位，大可不必做人才测评。这种职位企业能够容忍比较高的流失率。

2. 对于招聘量大的校园招聘，因为候选人都是"白纸一张"的大学毕业生，企业可以设计招聘流程将重点放在考察兴趣、知识和技能方面。

3. 对于企业中高级岗位的人员招聘，在建立起企业自己的价值观和胜任力模型的基础上，适时引进专业的人才测评，能够最大限度地提高企业找到合格人才的可能性。

HR 应该如何为企业并购带来价值？

世界 500 强
人力资源总监
管理手记

随着中国经济的发展，中资企业中的 HR 员工有越来越多的机会参加企业并购。在这样的企业中，也许未来应该成立专门服务于并购业务的 HR 团队，并培养应用于公司并购的 HR 技能，包括尽职调查、谈判沟通、变革管理、报表分析、培训发展和战略决策等。

当企业现有市场和技术不能满足自身迅猛的发展需求时，企业往往会选择并购形式（Mergers & Acquisitions），通过兼并或收购已经存在的成功企业，来快速扩大产品组合、提高市场份额和获取专有技术。随着中国国力的增强，也有越来越多的中国企业漂洋过海开展海外并购，从 10 多年前的联想并购 IBM 电脑业务和最近的海尔并购 GE 家电业务，企业参与的并购行业也越来越广。

不过，有相当比例的并购，特别是跨国并购却最终失败。而有大量证据显示，大部分并购失败的原因在于并购双方的文化不匹配。今天，人们广泛地相信 HR 部门能够在并购过程中的文化整合方面发挥重要作用。除此以外，HR 的作用是如此之重要，以致它在并购过程中有任何工作上的失误，都可能造成主要人才流失、员工生产力下降、员工满意度倒退、劳资双方沟通不畅，甚至原有企业员工对并购的对抗。

这里，我试图通过个人的研究和过往亲身经历来探讨一下并购失败或成功的因素，以及 HR 应该在并购过程中发挥怎样一个作用。

| 并购类型 |

市场上常见的有两种并购类型：一种是对等并购，一种是非对等并购。前者主要是两家对等体量的公司融合在一起，比如戴姆勒奔驰和克莱斯勒、花旗银行和旅行者集团、杜邦和陶氏化学等；后者就是大鱼吃小鱼，并购后产生的新企业由体量更大的强势一方企业掌握，比如中国吉利集团收购瑞典沃尔沃汽车、谷歌收购摩托罗拉手机和最近的微软收购 LinkedIn 等。

搞清楚并购的类型对 HR 来说非常重要。因为在对等并购中，双方企业的文化能够相安无事地共生很长一段时间，员工队伍也容易保持稳定不变；在不对等并购中，强势一方的企业占有话语权，并购后的新企业文化更容易向强势一方倾斜，而随之而来的大量裁员也不鲜见，比如当年微软并购诺基亚。

| 并购成功和失败的特点 |

大多数并购的成功和失败之关键还是在于人。人的因素大大超过了地理位置、所在产业和企业规模等其他因素。

在大部分失败的并购案例中，失败原因大致包括以下的一个或几个：

1. 脱离现实的预期。
2. 不成熟的并购战略规划以及随后糟糕的执行。
3. 并购双方不团结，甚至陷入内斗。
4. 并购过程中关键人才流失。
5. 并购双方文化严重冲突。
6. 过渡期间管理不善，导致管理层的焦点从本来应该更关注的发展业务领域被分散到其他领域。

同样地，一些成功的并购案例背后的成功因素也越来越多地被挖掘出来，包括：

1. 并购双方文化与价值观的一致。
2. 管理层领导力强。
3. 明确的短期和长期目标。
4. 并购之前充分的尽职调查。
5. 工作有序、能力出色的并购 sa 工作团队。
6. 关键人才的挽留。
7. 针对所有并购中利益相关者的充分沟通。
8. 向其他失败案例学习经验教训。

尽职调查（Due Diligence）

在现实中，大多数企业在准备并购工作的过程中，CEO 们仍然是严重依赖了来自财务部和法务部的工作，而忽视了 HR 在并购前期和推进过程中所起到的重要作用。如果希望并购工作最终成功，HR 必须从前期尽职调查阶段就开始介入。

在我之前工作过的两家 500 强公司，每当为并购成立前期工作小组时，小组成员中一定会包括一名非常资深的 HR 经理。公司并购一旦成功，往往意味着后续会发生较大幅度的人员变动和组织结构变动。因此，一定要确保并购工作从早期筹划阶段，就能得到 HR 的输入，这样才能实现并购后期新老 HR 政策和流程的无缝接轨。

HR 在尽职调查过程中需要注意两个方面，首先是并购双方的企业文化和价值观是否一致，这是并购能否取得成功的基石。柳传志曾经在联想并购 IBM 电脑业务取得成功后自豪地说：联想在并购过程中并没有派任何一个中国人去 IBM 一方做领导，但是双方的文化、价值观和战略是完全一致的，在最高领导层意见一致以后，后面的工作就能比较顺利地往下推进了。

相似地，在最近微软并购 LinkedIn 的案例中，后者的 CEO 韦纳在并购宣布后举行的 LinkedIn 员工大会上强调：微软和 LinkedIn 两家公司的业务发展模式可能不同，但是后者的企业文化和价值观是最打动微软的地方，这是能够帮助收购交易成功并发展业务的最重要的基础。

另一方面，HR 应该着重对可能影响财务结果的人力资源政策进行审计，比如普通员工薪酬政策、高管薪酬、退休人员养老金义务、重新安置现有员工费用、现有和潜在劳资纠纷等。比如，在海外并购中，因为国家间政策差异巨大，某些国家福利待遇非常优厚，如果企业退休人员或临近退休人员较多，并购后新企业将因此背负巨大的财务包袱。因此，HR 尽职调查人员如能提前发现此类隐含成本，尽早和尽职调查团队的其他财务、法律人员一起做出相应安排，对后来交易是否成功具有重要意义。

| 人才保留 |

在并购过程中，对于被并购公司的关键人才而言，一方面，出于对前景的不确定，害怕自己在新公司中失去原有地位，很多人会主动开始寻找外部机会；另一方面，嗅觉敏锐的猎头也是闻风而动，会想尽办法地去利用这种机会挖角被并购企业的人才。因此，在并购过程中和完成后的两个阶段，公司关键人才的流失风险都会比平时大大增加。

聪明的公司会在并购启动后迅速采取措施稳定被并购方的关键人才。公司通常除了找关键人才单独谈话、对其允诺并购之后委以重用，力图稳定军心之外，也会使用特别的薪酬工具。如果需要对方在并购结束后的短期内保证留在公司，可以使用短期挽留奖金，通常为期6个月或1年，奖金可以分批分期或到期后一次性兑现；如果需要对方在并购结束后还能长期留在公司（至少1年以上），可以使用挽留股票或期权。

薪酬方面，除了为关键人才提供新的挽留薪酬，并购方也需要视实际情况，为这些人才在原公司的薪酬待遇做出一定安排。比如，允许他们的原有奖金或期权方案在公司所有权发生变化之后依然有效，或者至少对原有利益的损失部分给予等额补偿。

其他方面，对被并购方人才而言，他们最关心的问题是自己在未来新企业中究竟会得到何种对待。因此，并购方在此时应该表现出足够诚意，可以开诚布公地和他们分享未来组织的蓝图、架构和行动细节，并在必要的时候，邀请这些人参与规划和推动整个并购工作。

在我经历的一次高科技公司并购中，对方公司的人力资源总监被邀请加入最核心的并购工作小组，参与了一系列重要决策制订过程。在并购结束后，他继续担任该部分业务的人力资源负责人，并在重新安置原公司冗余员工的工作中发挥了不可替代的作用。

| 培训与发展 |

并购中的一大挑战就是，被并购方的员工如何适应并购方原来的企业文化。在这个方面，培训与发展人员的重要作用就体现出来了。并购中的培训与发展的主要重点就是帮助被并购方员工适应并融入新的企业文化。

在我曾经工作过的一家化工公司，凡是经并购入职的新经理都必须经过一个与其他新员工稍有不同的、以企业文化为主题的入职培训。所有新经理必须参加为期三天的培训，目标是一旦他们回到原有团队，能够很清晰地向团队成员阐述新公司的文化和价值观。

| 薪酬待遇 |

并购过程中，员工最关心的问题就是自己的薪酬待遇会受到何种影响。并购双方的文化差异可能导致双方在薪酬政策上的巨大差异。当初联想并购 IBM PC 业务时，中外方员工的薪酬相差 6 倍以上。在薪酬问题上，如果处理过于激进，势必引发大批的员工离职；如果处理过于保守，则有可能影响公司既定并购财务目标的实现。对 HR 来说，在提前对目标公司做好充分的尽职调查后，还应该有一套总体平衡的、循序渐进的办法来过渡被并购公司的薪酬福利系统。比如，联想在当初并购 IBM PC 时，新公司就向原 IBM 员工承诺三年内原薪酬水平不变。另外，针对原联想员工，下调可变薪酬的比例，提高固定工资的比例，以平衡国内员工和国际员工的收入水平差距。通过这种循序渐进的措施来让联想和 IBM 员工的薪水逐渐缩小差距，从而有助于在稳定员工队伍的同时，最终实现全体员工的薪酬一体化。

| 沟通 |

如果说在并购过程中有什么环节是最重要的，那就是沟通、沟通、再沟通。并购发生时，如果信息流动不畅，容易造成谣言满天飞。只有通过充分沟通，让信息充分对称，才能稳定军心，消除误会，让员工继续把精力放在不受外来干扰、维持企业正常运营的工作中去。

同样是联想并购 IBM 案例，2014 年在联想并购 IBM 低端服务器的过程中，因为前期沟通不畅，原 IBM 广东工厂员工担心并购后发生裁员和减薪，最终爆发了罢工。另一个案例是本文完成前几天（2016 年 6 月），某私募股权公司在收购一家国际半导体公司业务时，因为出售方和收购方都没有提前及时公布收购后员工的安置方案，害怕被裁员的工厂员工自发地发起了全厂罢工。

世界500强
人力资源总监
管理手记

在吉利当初并购瑞典沃尔沃汽车时，强大的沃尔沃工会因为担心吉利未来会将沃尔沃工厂迁入中国，造成沃尔沃员工的大量失业，因此坚决抵制这次并购。后来，吉利董事长李书福亲自参加沃尔沃全员大会，正面答复沃尔沃员工有关福利和公司未来计划等敏感问题，而且还做出了书面承诺。这一做法，充分打消了瑞典员工的顾虑，让后续并购得以顺利进行。

在我本人曾经作为之前那家化工公司（出售方）HR代表参与的一次并购中，公司提前针对各种情况做了充分的沟通预案，光为员工可能提问准备的Q&A就有十几页。因为这是一次全球收购，所以，所有沟通文本还提前翻译成了业务所在国的语言，确保信息准确无误。当并购消息在公司官方网站一经公布，HR人员便第一时间出现在受影响的工厂现场，和当地管理层一起与员工当面沟通、答疑解惑。在随后的一个月内，这样的当面沟通会至少每周举行一次，一方面解答员工问题，另一方面告知大家并购进展。每次沟通会结束后，全球各地现场的HR经理们也会迅速连夜召开电话会议，汇总随时出现的新的员工问题，并统一步调制订应对方案。因为有了这样的充分沟通，在并购实施几个月的过程中，并购业务的各工厂始终有条不紊地保持了正常的生产和运营秩序。

随着中国经济的发展，中资企业中的HR员工有越来越多的机会参加企业并购。在这样的企业中，也许未来应该成立专门服务于并购业务的HR团队，并培养应用于公司并购的HR技能，包括尽职调查、谈判沟通、变革管理、报表分析、培训发展和战略决策等。但是，不论怎样设置，HR都需要更多地融入业务，充分了解业务运营，这样才更有可能在并购业务中发挥战略角色的作用，为公司并购增加价值。

HR 的巡访都需要做些什么？

作为 HR，你代表着公司管理层。别人来找你，可能并不是希望你马上拿出一个解决方案，而是希望找到一个可以倾听的对象，让自己的声音可以传达到管理层。

某周的头三个工作日，我们是在印度首都新德里度过的。

作为支持亚太区的 HR，我们团队负责的国家和地区除中国外还有 7 个，按工作职责来说，每年应该到这些地方去巡访一次，印度是第一站。

三天日程安排得满满当当，每天都是背靠背的会议，连午餐和晚餐都安排了谈工作。回来后有朋友问我有没有去哪里玩，我仔细回想了一下，压根儿就没有找到出去玩的时间，每天起早摸黑，完全是标准的"酒店—公司—酒店"两点一线。

首次到一个心仪已久的文明古国，没机会看到风景很遗憾，但让人宽慰的是，这三天的工作卓有成效：就在我准备登上回国航班的时候，公司在印度当地的总经理已经发了一封邮件出来，并抄送了多位领导，总结说这是一次富有成效的工作访问。

作为总部一个下辖多个区域的 HR，你不能老是呆在办公室里，而不定期到外地分公司或办公室去访问就是你工作的一部分。

出访时间有限，如何做到让你的工作不是走马观花而是富有成效呢？结合这次印度之行，我做了一下复盘：

| 业务领导高度重视 |

都说 HR 的工作要从业务开始，避免掉入自己的专业深井。做巡访同样适用这个原则。

这次我们的印度分公司总经理非常重视，早在几个月前就在积极和 HR 一起排定访问日期。不久前他来总部出差，又一次有机会和他坐下来详细过了一遍他对本次访问的期望。

出发之前，该总经理提前发来一份详细的日程清单，把本次需要解决的每一个项目都列了出来。在当地期间，但凡 HR 组织的会议，只要他有时间都亲自参加；每天下班之后，他还抽出时间来和我们一起总结当日成果，并为次日安排做好准备。

| 提前精心准备 |

提前的充分准备通常是任务获得成功之保证。

除了业务部门方面准备的问题和任务清单之外，我们自己提前准备了哪些东西呢？

下面是我的清单：

1. 分公司组织架构图。
2. 分公司人员花名册。
3. 分公司全员参与当年公司各 HR 调研项目的结果报告。
4. 分公司参与当年总部部署的其他 HR 项目的最新进展。
5. 从总部角度准备提问分公司的问题清单。

为了确保到达当地后工作能够顺利开展，在临行前，我和总部 HR 团队成员们一起开了准备会，再次确认所有工作已准备妥当。

到达印度的第一天，当地同事考虑到我们是初来乍到，专门抽了一个小时给我们做了一次关于印度风土人情和经济概况的准备会，为后来几天的工作做了一个良好的铺垫。

| 组织审计 |

总部人员的责任之一是确保总部和分公司之间在所有工作标准和流程上完全协同一致。因此，有必要借巡访这个机会对当地做一次现场组织审计。

组织层面的审计主要包括：组织架构、岗位设置和组织文化；工作流程层面的审计包括：招聘入职、新员工培训、升职加薪、绩效考核和离职。

除了和当地负责 HR 的同事面谈，还要随机抽检一些工作文档，确保当地的每一项工作都符合总公司要求的原则。

| 员工谈话 |

平时分公司和总部之间，大家都通过电话、邮件和网络视频来工作。人是感情动物，再发达的现代通信技术依然代替不了一对一、人与人之间的交流。

对我来说，最重要的，就是要利用这次访问的机会，面对面地增加对每个员工的了解，并收集到他们真实的心声和诉求。因此，在印度的第二天，我并没有安排任何正式的工作会议，而是提前向所有当地员工发出一个邮件，告知我这一天主要是和大家谈话，欢迎每个人随时到办公室来聊天。

大家的踊跃程度也出乎我的意料，前后一共有 7 个员工来办公室找我一对一谈话，每个时长都至少 1 小时。话题覆盖职业发展、员工关系、薪酬福利、政策制度等领域。

老实说，有些问题并不一定是我马上就能够解决的。但是，此时作为HR,你代表着公司管理层。别人来找你,可能并不是希望你马上拿出一个解决方案,而是希望找到一个可以倾听的对象,让自己的声音可以传达到管理层。

我相信他们谈完之后都是满意的。因为,每个人在结束谈话后,都是面带微笑离开的。

| 人力资源培训 |

最后,我们还利用这次访问的机会由另一位HR同事在当地做了几场培训,有针对全员的,也有针对经理的;有关于公司文化的,也有关于实用工作技能的。

平时总部和分公司之间相距遥远,无论是派遣一名培训师从总部来当地,还是派遣当地员工去总部,差旅费都是一笔不小的数字。

可以巧妙地利用这种巡访机会,在常规工作日程中加入几个培训相关的内容,以最小的成本实现工作结果的最大化。

新德里三日,有朋友问我对当地印象如何。刚到那天,我说整个城市看起来像中国的三、四线城市。但是随着时间的推移,我逐渐感觉和中国三、四线城市也有差距。

但是,印度还有另外一组事实:

根据联合国报告,印度2016年的GDP增长预计为7.6%,这是自1999年来印度的GDP增长首次超过中国;预计到2020年,印度的GDP总量将排名全球第三,仅次于中国和美国。

最让我吃惊的一点,是印度的人口结构:目前印度50%的人口年龄在25岁以下,远比中国年轻化;预计到2020年,印度的人口年龄平均值为29岁,而中国为37岁。

这是一个未来让中国不容小觑的对手。

如何成为一名激发潜能的管理者

在帮助员工提高绩效的过程中，管理者的角色更应该像一个教练而非管控者，就像体育运动中的教练那样，通过观察和引导而不是直接给答案和下指令，来激励员工在工作中突破自身局限，发挥出最大潜能。

姐姐的儿子学习成绩一直很拔尖，今年高考不出意料地考了个高分。前段时间姐姐给我打来电话，想咨询关于大学择校问题，于是我们有了下面这段对话。

姐姐：孩子这次考的分数不错，但我和你姐夫现在很纠结该从两所学校中选哪所，想请你参谋参谋。

我：好啊，具体说说这两所学校都分别是啥情况？

姐姐：他这个分数可以上清华，但是放到全省也就排名九十多（清华在省内只有二十多个名额），进去之后可能没法上自己喜欢的专业，需要服从学校调配；另一所学校是上海交大，如果进去，比较有把握上自己中意的专业。尤其是上交有个 IEEE 理科实验班，他挺感兴趣的。

我：两所学校都很好啊，要二选一确实让人纠结。孩子自己是怎么想的呢？

姐姐：能进清华当然好啊，但是，如果到清华，他怕被调配到不喜欢的专业,然后在那里待四年,有点浪费时间。他挺想试试上海交大。

我:他大学本科毕业之后有什么打算?还会继续深造吗?

姐姐:他对去美国留学挺感兴趣的。上海交大那个 IEEE 班,现在按麻省理工的课程编制,如果进了这个班,将来去麻省理工留学估计也容易些。

我:未来还有其他什么选择吗?

姐姐:他也可以考研读国内的学校。如果他真的喜欢清华,以后考研还可以考过去。

我:那你和姐夫两人怎么考虑的呢?

姐姐:清华是中国最好的学校,周围朋友们都建议让孩子冲一下清华,要不然就太可惜了。但是我们俩担心,如果孩子上了不喜欢的专业,耽误他四年,也很可惜。

我:那你觉得什么是最重要的呢?

姐姐:孩子毕竟要在学校里待四年,所以他自己能够快乐地过完这四年是最重要的。

我:那还有什么纠结的呢?答案已经很明显了。

姐姐:谢谢,现在明白了。

这个谈话结果非常有意思:姐姐本来是找我寻找一个最佳答案的,但是我们的对话从头到尾,我都没有直接给出任何答案。不过是问了几个问题,最后就让她自己得出了答案。

上述这段生活场景对话,其实是可以被管理者应用到日常管理工作中去的。

传统的组织管理中强调实行从上到下的管控,居于层级制度上端的管理者比员工更加资深、更有经验和更了解情况。所以,他们理应掌握比员工更多的专业技能和问题解决方案,以此来传授和指导员工完成每一项任务。

但是，这套理论在今天的组织中已经越来越不适用。

首先，组织处于一个高速发展的市场。尤其在互联网经济下，过去的技术优势可能在新技术冲击下，迅速荡然无存。企业面临的挑战也许对管理者也好、员工也好，都可能是从来没有接触过的，再依靠管理者以自己的满腹经纶来给出答案不再现实。

其次，今天的员工构成也发生了变化，八五后、九零后们的价值观和之前几代人有了明显不同，新生的一代员工在工作中的动机，除了报酬，更多来源于工作本身的意义和做事的自主性、创造性。为这些员工创造一个可以自由发挥的工作环境，激励他们自主去解决未知问题，比传统的自上而下发指令更能够调动他们的工作积极性。

因此，这就要求管理者转换角色，将自己从传统组织下的管控者，变成员工潜能的激励师和催化师。在帮助员工提高绩效的过程中，管理者的角色更应该像一个教练而非管控者，就像体育运动中的教练那样，通过观察和引导而不是直接给答案和下指令，来激励员工在工作中突破自身局限，发挥出最大潜能。

做绩效教练而不是做绩效管理，一直被认为是帮助员工发挥潜能的一个有效手段。不过，管理者将自己转变为绩效教练之前，首先需要从思想上澄清对几个方面的认识：

教练关注的是员工未来可以实现的可能性，而不再是绩效中发生的过往错误。教练必须从潜能的角度看待员工的无限可能性，而不是现有的绩效表现。只有当管理者清晰认知并相信这一点，才能够帮助员工展示出最大潜能来。

教练的作用不是只需要依赖自身的经验和知识来对下属进行传授，而是需要教练方面的专业技能来对员工进行辅导。

教练的目标是帮助人们建立觉察力、责任感和自信。通过教练式辅导，管理者可以打消控制员工或是保持他们崇拜我们卓越能力的信念。管理者进行教练式辅导之后，可能最好的一个结果就是协助员工超越管理者自己。

在实际的绩效辅导中，GROW是一个广为使用的模型。我曾经见过不同的咨询公司对这个模型的不同解读，但是基本定义都比较类似：

1. G（Goal，目标设定）：本次任务的目标，包括短期目标和长期目标。
2. R（Reality，现状分析）：当前是什么情况。
3. O（Options，选择方案）：有什么策略和方案可供选择。
4. W（Will，意愿）：接下来该怎么做的意愿。

比如员工按照经理要求，给经理提交了一份报告，但是经理读完后不甚满意。在现实场景中，我们很容易能看到经理的下面几种常见反应。

A. 你真是太没用了，这么一份简单的报告都做不好。
B. 你这个报告不是我想要的，毫无用处。
C. 你的报告总体上还算可以，但是内容方面有些问题，比如×××。

如果经理使用的是教练式辅导法，经理向员工提问就会按照以下顺序展开：

第一步：G - Goal
你觉得这份报告的目标人群是谁？这份报告要实现什么目标？
可能的话，长期目标和短期目标分别是什么？
如果要用具体的量化工具来衡量是否实现了上述目标，你觉得是什么？

第二步：R – Reality

你现在手上这份报告达到了你的目标了吗？用上述量化工具来给这份报告打分，从 1~10，你觉得你会打几分？

如果没有打到 10 分，你觉得问题可能是出在哪里？

还有其他的什么障碍导致你不能实现这个目标吗？

第三步：O – Options

为改变目前的情况，你还能做什么？你能用什么办法扫除上述障碍？

有什么可供选择的方案？这些方案的优缺点分别都是什么？

这些方案中，哪一种选择你觉得是最好的？为什么？

第四步：W – Will

接下来你应该做什么？（What）

你会怎么去做？在实施过程中，你可能会遇到什么困难？你准备怎么应对？为了应对这些困难并最终实现目标，你可能会需要什么帮助或资源？（How）

你准备向谁或从哪里寻求这种帮助或资源？（Who & Where）

你什么时候可以完成这份报告（When）？

如果你是以上述办法去和员工谈话，那么你很有可能据此激发员工并帮助他们找到理想的答案。为什么不试试呢？

掌握教练式辅导法不光对管理工作有用，也完全可以应用到日常生活中去。正如前所述，当下次你的亲人、朋友遇到其他问题来向您咨询时，比如是否应该从现有工作辞职，或者如何可以让自己把健身坚持下去，您同样可以祭出这个法宝，说不定能够收到意想不到的效果。

HR 如何在关键谈话中成为谈话高手？

世界500强
人力资源总监
管理手记

> 任何人在谈话中都是带着情绪的，你的情绪决定了你提出自己观点的方式。导致情绪产生的唯一因素不是别人，而是你自己。

谈话能力可能是一个人一生中最重要的社交能力之一。在平时的工作和生活中，我们经常会无数次地面临需要进行"关键谈话"的时刻，比如，辅导一名工作效率低下的下属提升绩效；游说一位不太乐意的同事加入你领导的项目小组；劝说你的爱人能够接受你跳槽加入一家新公司的想法；等等。

很多时候，我们面临的问题可能并不复杂，但是因为谈话双方缺乏技巧，最后导致谈话无法顺利进行，功亏一篑。

而那些能够把任何困难的谈话都顺利进行下去的人，往往都能凭着一手让人羡慕的高超谈话技巧，在生活和职场中左右逢源、游刃有余。

无论是管理者还是 HR 从业者，与人谈话本来就是我们日常工作中最重要的一部分。很多 HR 项目和政策能够得以顺利实施的关键，就在于沟通、沟通、再沟通，向上沟通、平级沟通、向下沟通，这是我们每天都在做的事情。

我自认身经百战，但是，读完 Crucial Conversation（《关键谈话》）

一书之后，才发现自己和那些真正的谈话高手相比，差距还很大。

那么，一名谈话高手在关键时刻，他们是怎么做的呢？

| 从心开始 |

在开始谈话之前，首先清楚你到底想从这次谈话中得到什么结果。

很多时候，一个谈话往往进行了一半就进行不下去了，因为双方争执不下之后，很快便忘记了谈话的初衷，谈话目标不经意间被换成了输和赢、得与失，最后结果要不就是不了了之，要不就是两败俱伤。

从心开始可以帮助你把思维从"我"变成"我们"，无论何时都能把谈话拉回到最初制订的目标上。

比如，随时提醒自己：我到底希望通过这次谈话得到什么结果？我希望对方得到什么结果？我希望我们双方的关系变成什么样？如果我真的想要得到这个结果，我在谈话中应该怎么做？

| 学会观察 |

谈话中最容易出现的两种反应——争执和逃避，都源自同一个情感因素——害怕。人们在感到不安全的时候，会变得"安静"或"暴力"。

警惕不安全因素产生的信号，及时为谈话者营造一个安全氛围，帮助其卸掉思想包袱。

可自我检查是否在谈话中产生了以下"不安全"信号。

一、安静

伪装：有意淡化或有选择性地表露个人观点。

回避：完全避开敏感性话题。

退缩：退出谈话。

二、暴力

控制：强迫别人接受你的观点。

贴标签：给别人或别人的观点贴标签，这样你可以更容易贬损他们。

攻击：通过贬损或威胁让别人难受。

| 建立安全感 |

先让双方暂时从这场艰难的谈话中离开一会儿，然后双方建立起共同目标，再重新返回对话。

在建立安全感时，有一个技巧叫对比，就是说在双方可能存在误会的时候，不要轻易退缩、否认或包装自己的观点。而要直面这个误会，确保对方正确理解自己。

这里有几个很实用的谈话开头：

我并不希望你认为我不认可你的工作价值，而是……

我并不希望你认为我对你的工作质量不满意，而是……

我并不希望你认为我不感激你在这件事情上面的付出，而是……

| 组织故事 |

任何人在谈话中都是带着情绪的，你的情绪决定了你提出自己观点的方式。导致情绪产生的唯一因素不是别人，而是你自己。

因此，在谈话中如何把握好自己的情绪决定了谈话最终的走向。通常地，人们在关键谈话之前容易落入三种心态之一：

"受害者"：这不是我的错——责任在我方的时候，这样可以达到自我原谅的目的。

"恶棍"：都是别人的错——责任可能在对方时，这样可以凭空创造或夸大对方的责任。

"无助"：我能做的就这些了——这样我们就可以简单地在赢

与输、得与失之间做选择题，而不是积极思考其他选项。

避免三种心态有什么最有效的办法？很简单：讲述一个完整的故事。

你可以通过问自己以下问题来检验自己的故事是否完整：

1. 我是否假装没有看到自己在这件事中的责任？
2. 为什么对方作为一个正常、理性和得体的人会这么去做？
3. 我到底想要得到一个什么结果？我希望对方得到一个什么结果？我希望双方关系变成一个什么结果？
4. 我现在需要怎么做才能获得想要的这个结果？

| 摆出观点 |

如前所述，在摆出观点时，你只需要把自己的故事讲完整即可。在讲故事的过程中可以参考 STATE 模型：

1. S（Share Your Facts）——分享事实，而不是观点，这是最能够避免争议的内容。
2. T（Tell Your Story）——在事实的基础上摆出你的观点，注意使用上述的 Contrasting 技巧。
3. A（Ask for Others' Path）——征询对方意见。
4. T（Talk Tentatively）——表述自己意见。
5. E（Encourage Testing）——鼓励对方表达不同于自己的意见。

| 了解对方动机 |

提出自己的观点之后，当然有必要来听听对方是怎么想的。通过 AMPP 模型可以有效地帮助你探询对方在表面之下的动机：

A（Ask）——询问：对对方的观点表达兴趣。

M（Mirror）——映射：确认对方感受，进一步提升安全感。

P（Paraphrase）——复述：用你的语言复述，确保你准确无误听到了对方想表达的内容。

P（Prime）——引导：如果对方一直有所保留，你可以尽最大努力去猜测对方的所想和所感。

| 行动 |

当前面所有工作都完成之后，谈话双方最重要的部分已经顺利结束，接下来便是在双方共识的基础上建立下一步的行动计划，包括：谁负责哪些内容、如何跟进、到什么时候完成哪一步，等等。

上周参加培训，学习了如何画思维导图。思维导图用途广泛，可以用在构思文章、记录讲座和写读书笔记等方面。正好现学现用，在读完全书后用了几分钟画了一张思维导图。以前读书记笔记会记一大堆文字，复习起来既无序也枯燥。现在用这个新工具，一页A4纸就可以记录一本书的精华和阅读过程，一目了然，方便记忆，果然强大。

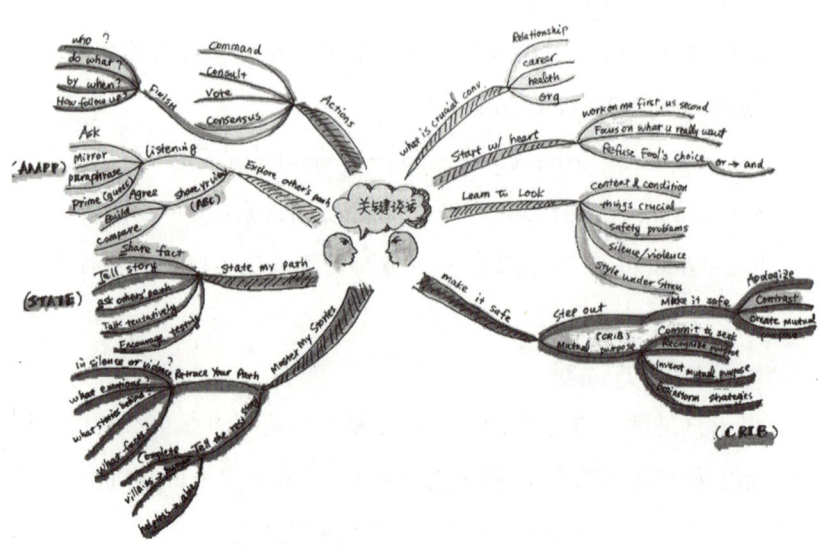

面试中如何把问题问得"稳、准、狠"?

> 其实一场面试就是一场修行,一开始别人给你的多,渐渐你要给别人多一点。要让候选人觉得不管最后事情成与不成,至少有收获,而这就是打造雇主品牌的第一步。

招聘是人力资源工作最重要的一个环节。Netflix 公司的前任 HRVP 曾经在《哈佛商业评论》上发表文章,专门阐述招聘对人力资源乃至整个组织管理工作的重要性。我至今对其中一句话记忆深刻:"如果企业能招到优秀的人才,那么 90% 的潜在的人员管理问题都可以迎刃而解。"

面试是招聘工作中的重中之重。虽说整个招聘工作还包括其他关键节点,比如,电话面试、在线测试、书面笔试和人才测评。但是,不可否认的是,面试在决定候选人录取与否中占的比重最大。可是,对于大多数面试官而言,面试时间很短,一个候选人能保证有一个小时的面试时间就不错了。

如何在这短暂的时间里,把面试问题问得"稳、准、狠",从候选人身上尽可能多地问到有价值的东西,是每一位面试官都想实现的目标。

那么,在面试中该如何提问呢?

常规途径中最常见的便是行为事例提问法(BEI,Behavior-based

Event Interview），也就是通过对个人过去行为具体细节的深度挖掘，来预测其未来可能的行为及表现。

行为事例提问法需要遵从 STAR 法则，STAR 分别代表情景（Situation）、任务（Task）、行动（Action）和结果（Result）。提问时重点考察候选人在什么情境下面临了什么任务？因此采取了什么行动？最后的结果如何？

用 STAR 原则来提问，有以下问题可以参考：

1. 情景（S）

事情当时的背景是怎么样的？

什么因素导致了这样的情形？

当时有哪些人员参与？

2. 任务（T）

在这个项目上你的主要角色是什么？

你被安排的任务是什么？

这样安排是为了达到什么目的？

3. 行动（A）

你都做了什么？说了什么？

你是如何实现既定目标的？

这个项目当时面临的最大困难或障碍是什么？你怎么解决的？

4. 结果（R）

最后项目的结果如何？

你是如何衡量项目的成功的？

你从这个项目上汲取了哪些教训？以后如何改进？

上面讲的都是常规套路。那么，在实际的面试过程中，还有哪些非常规套路可以用呢？

曾经在 HR 成长群里，各位大神就如何在面试中有效提问展开了激烈讨论，后来讨论思维之发散，让我受益匪浅。这里，我把大家贡献出来的提问，再结合自己的一些经验，总结为下面几类。

自我认知

自我认知力是职场中非常重要的一项能力。你在获得别人认可前，一个重要的前提是你首先对自己有一个正确的定位和认识。很多人之所以在职场干得很失败，就是对自己缺乏一个基本的认识。天天带着放大镜看别人，却忘了把自己照一照。想知道候选人是否有足够的自我认知，可以问以下问题：

1. 你的工作有什么意义，把你从组织里面拿走会怎样，项目里面没有你会怎么样？
2. 你领导眼中的你是什么样的？你同事眼中的你呢？为什么？
3. 你的同事会怎么来形容你？请使用5个形容词。
4. 你觉得你目前在工作中最需要提高的地方是什么？为什么？

文化价值观

很多企业把价值观作为挑人的首选项。价值观不符，经验和能力再好也无济于事。价值观的重要性请参考前文《这家明星企业是靠什么把一支多国团队凝聚起来的？》

如果你希望通过现场提问，迅速直观地对候选人的价值观来个管中窥豹，那么可以考虑问以下问题：

1. 你最喜欢的老板是什么样的？你最不喜欢的老板是什么样的？
2. 请告诉我对你人生成长最有影响力的人是谁？给你带来了什么影响？
3. 你喜欢（或不喜欢）的一种公司文化是什么？

4. 当你和你的老板发生意见分歧的时候，你会怎么办？

| 潜力 |

你希望候选人不但能胜任现有的岗位，还能在岗位上继续成长，未来可以去承担更复杂、更重要的任务。这里需要考察的是潜力，包括一个人的学习能力、求知欲、洞察力以及工作动机等。那么可以考虑问以下问题：

1. 你一般是如何学习一门新领域的知识的？

2. 就你现在应聘的这个岗位，最近的行业动态是什么？有什么新的政策法规出台？

3. 基于现有的行业变化趋势，你如何看待你所申请的这个职位未来3年的变化？

4. 你平时如何开拓自己的视野和经验？如何自我学习？如何自我提升？对于未知的未来，你具有什么样的一种心态？

| 个人 |

每一个人都是人格丰富的人，你希望招来的是一个人格健全的人，因为这是一个你每天在工作八小时（甚至更长）中都需要一起相处的人。前几天读美国前任防长拉姆斯菲尔德的自传，他提到，他在面试时喜欢去找一些简历里没有显示的东西，比如他会问自己："你愿不愿意每天和这个人待上8~10小时。"

的确，整个面试过程最终看的也是面试官和候选人是否有化学反应，当面试官在询问开放性的问题时，候选人在所有的经验、技能和潜力等方面的回答，最终都是基于面试官的判断和理解。而要想了解候选人在工作以外是个什么样的人，可以这么问：

1. 你在工作之余都做什么？

2. 你最近读过的一本书叫什么名字？书里你最欣赏的人物是哪个？为什么？

3. 你最喜欢的一部电影是什么？里面你最欣赏的人物是哪个？为什么？

不论是问哪一类问题，作为面试官，你需要穷追猛打深挖细节。要知道，故事可以虚构，细节却很难编造。挖细节，最简单的一个办法便是5W法，也就是对候选人讲述的某件事，针对细节连续提问为什么（Why）。通常，5个为什么问完，最底层的真相也就浮现出来了。

举个例子，你可以问候选人：请告诉我，到目前为止你最得意的一个项目是什么？你为什么要做这个项目？为什么别人没有去做？为什么你觉得你做得不错？为什么上级领导觉得你做得不错？……

最后，正如另外一位群友很精辟地指出的：其实一场面试就是一场修行，一开始别人给你的多，渐渐你要给别人多一点。要让候选人觉得不管最后事情成与不成，至少有收获，而这就是打造雇主品牌的第一步。

我是如何通过招聘把员工流失率从 57% 降到了 19%？

世界500强
人力资源总监
管理手记

我和我带领的团队在公司人力资源各项工作中最重要的一项工作是吸引更多怀揣梦想、志同道合的优秀伙伴加入我们公司，前提：第一是价值观要匹配，第二是找到我们想要的人。

| 招聘工作最重要的是什么？ |

先简单介绍一下自己从业经历：7 年 HR 经验，其中 4 年在上市集团公司从事人力资源工作，从业领域涉及互联网电商、高科技的生物工程行业。

刚开始参加 HR 工作时候，也是从招聘模块切入进去的，因为工作业绩不错，于 2014 年 9 月被提拔为集团控股下中日合资子公司人力资源负责人，之后担任多个事业部、子公司 HRBP，在生物工程行业工作了 3 年多，在这个时间点上相遇罗莱生活，当时电商事业部约 300 人，需要一名 HRBP 和招聘负责人，之后经过层层面试与罗莱 HR 负责人、VP 面谈后，考虑再三，选择加入了罗莱电商事业部，正式跨入互联网电商行业从事 HR。

四年前某一天集团 HR 经理问了我一个问题："Justin，你所在子公司、事业部的招聘完成率，包括保有率都不错，你认为招聘工作最重要的是什么？"我回答："把公司需要的人招到就 OK 了，

本文作者袁寒林，本篇文章根据 2017 年 3 月 4 日 HR 成长部落上海线下活动分享整理。

而且招的速度要快，要满足业务的用人需求。"当时集团的 HR 经理回复我说："你说对了一半，招聘配置模块，你只把招聘前半场做好了，人才配置这方面需要去思考在组织发展中如何实践落地。"

大约在一年后，也就是在 2014 年 9 月，我开始正式晋升为合资公司人力资源负责人，负责两家子公司和一个事业部各项日常人力资源工作，当时明显感觉到自己在格局、思维上发生了质的变化。在一次会议上回答董事长和总经理关于人才吸引这个话题的时候，我回答："我和我带领的团队在公司人力资源各项工作中最重要的一项工作是吸引更多怀揣梦想、志同道合的优秀伙伴加入我们公司，前提：第一是价值观要匹配，第二是我们想要的人。"

说到这里，不由得想起 2013 年年初加入这家民营上市集团控股下属合资子公司做 HR 的时候，入职当天看了一下 2012 年子公司员工流失率是 57%(行业均值约 23%)，当时脑海中就想为什么流失率那么大，而到在这家企业工作 3 年后离开的时候，2015 年子公司的人员流失率是 19%。

| 7+3 人才招聘制度 |

怎么做到的呢，人才获取源头是关键！

我认为非常关键的一点就是运用结构化行为面试去选拔人才。2014 年 7 月我在一次运营会议上提出 7+3 人才招聘责任制构想。这项工作经过商讨、团队复盘后，得到了子公司总经理、业务部门负责人的支持，并试运行了一年。

7+3 人才招聘责任制中重要的一条就是：经人力资源部初试推荐，用人部门复试通过，经总经理签字核准并进入试用的员工，若在试用期内发生员工离职情况，归属部门主管承担 70% 责任，人力资源部主管负责人承担 30% 责任，按照该员工试用期间薪资总和的 10% 作为处罚标准。其中一个月是保质期，发生离职不做处罚，超过一

世界500强
人力资源总监
管理手记

个月哪怕一天,也要按标准处罚。

貌似各位HR伙伴都没听到奖励是吗?实际上在讨论的时候业务部门不需要奖励,游戏规则简单可执行,其实业务部门也认识到流失率高的原因有:缺乏选人的标准、面试官没有受过专业的培训、面试凭感觉录用、试用期无管理、组织氛围过于紧张等。

在这里简单总结一下当时和团队做的关键任务:

1. 赋能业务部门面试官做了结构化行为面试培训;优化面试流程、试用期管理;梳理子公司任职资格标准、能力素质模型;通过行为事例访谈输出岗位通用能力词典;建立人才标准画像等。

2. 带领团队做了多项工作提升组织氛围:新员工与总经理见面会、全体员工大会、年中拓展培训、转正述职、午餐分享会、每月一赞、内部游学参观日、专题研讨会、总裁奖评定活动等。

2014年9月正式推行7+3人才招聘责任制,在试运行半年后被集团其他事业部借鉴实施。试运行一年后,子公司人力流失率持续年度下降:2014年36%,其中试用期转正率大于92%;2015年19%(其中被动优化8%)。值此,7+3的使命也完成了,人才选拔也走向了相对科学的评估通道。

| 招聘官的痛点 |

分享一下曾经和多位HR在沟通时,深感当下招聘官面临的痛点:

1. 需要什么样的人理不清。
2. 找不到所需要的人才。
3. 找到的人不来。
4. 人才看不准,没有评估标准。

5. 面试流程简单／繁琐，人才雇主体验不佳。
6. 时间紧，人才要求高（钱太少），团队流失率高，压力大。

实际上，我个人过往在做招聘的时候，如果招错人，内心是很有愧疚感的，因为一直强调自己要用负责任的态度去招聘。人找对了，才能更好地推动业务发展，但一场错误的选才会给公司、面试官、求职者个人带来难以估量的损失。

首先，对公司来说可能带来的损失。可见成本：面试的时间、招聘成本、培训费用、支付的薪酬等；不可见成本：法律风险、工作质量、组织团队形象和士气、候选人对公司雇主品牌的负面评价。

其次，对面试官来说，可能带来的损失。业务部门对招聘伙伴人才甄选的准确性产生质疑，影响业务部门对招聘工作的认可度；影响 HR 上级主管对个人选拔专业性的认可度和工作满意度。

最后，对求职者个人来说，可能带来的损失。对求职者今后的职业发展和家庭生活浪费了很多时间成本和机会成本。

行为面试过程

怎样给企业找到合适的人才，将是招聘官面临的最大挑战，目前市面上评估人才的方法有：测评中心评价、行为面试法、情景模拟、结构化面试、心理测试、性格测试、样本测试、传统面试法等等。

面试的时候应该问哪些问题才能了解候选人，以便正确评估与岗位的匹配度呢？从成本和可靠性上考虑，深刻体会到行为面试法预测效度的可靠程度。借此，希望能够给各位面试官同仁起到抛砖引玉的作用。

行为面试设计及实施流程反映了它的结构化特征：

行为面试是以关键事件的工作分析结果为依据的。行为面试围绕需求职位能力、素质、行为维度进行问题设计。行为面试的问题都是标准化的，目的是了解被面试者过去如何处理类似工作情景中的问题，从而引发出一个或者多个行为维度相关联的信息。

面试官对面试者讲述的内容进行灵活的追问，目的是对背景、行为目标、行为措施和结果进行细节性的深入了解（运用STAR原则）。面试官对被面试者的回答进行记录，在面试结束后进行多维度回顾，对行为维度评分进行加分整合，得出评价结果，为录用决策提供参考。

一、招聘准备

在做招聘执行的时候，人才标准是关键标准，没有标准，建议别盲目找简历、约面试，而是花1~2小时的时间去思考，去和业务部门聊，比大批量地找简历要科学得多，个人建议用行为事例法去搜集人才标准，我自己在工作中，一般会问业务部门负责人几个问题，这里分享一下，仅供参考：

1. 你认为销售工程师必须具备的3项最重要的专业知识是什么（知道什么）？

2. 你认为销售工程师必须具备哪3项最重要工作经验（过去干过什么）？

3. 招聘销售工程师时，你看重哪些潜质或特征？

4. 过去招聘的销售工程师，绩效表现好或升迁快的有何共同能力优势或性格特征？无法待下来的或绩效表现不好的员工有何共同的主要原因？

5. 你认为较难提升，却又是选用销售工程师人才时需要重点关注的能力分别有哪些？

二、正确梳理招聘需求

第一步，确认一下内部同岗位是否有人可以调动，目的是可以给内部同事一些新的职位挑战，特别是主管及以上级别职位。

第二步，向业务负责人请教，了解需求部门的业务目标、行业趋势、部门人员配置、业务增长情况、业务产品知识。

第三步，了解需求职位的职责是什么，绩效 KPI 指标、未来的晋升发展通道、汇报对象、下属人员、出差频率、奖金等福利项目。

第四步，询问业务部门面试官有关目标公司或相关联行业经验，了解职位在别的公司一般属于什么部门、职位名称，特别是高难度的职位，既能体现 HR 专业性和细心度，又能让业务部门感受到 HR 对招聘岗位的重视程度。

第五步，确认找什么样的人合适。诸如行业背景要求（甲方或乙方）；掌握的知识、最低工作经验的要求；能力素质（行为事件访谈获取，例如协调能力、沟通能力、演讲能力、客户开拓能力等）；个性特质，包括外向型、严谨、细致等，结合领导风格、团队风格、企业文化环境来考虑；特殊要求，包括年龄、性别、学历、专业；面试流程，包括确定面几轮、谁来面、如何决策。

理解业务和清晰知道招聘需求后，输出《人才招聘画像》和《岗位任职说明书》。这里需要提醒的是，人才标准方向正确，选择合适的招聘渠道，招聘工作的执行才能更好地推动。

三、输出设计行为面试问题（案例）

考察维度	行为面试问题
客户开拓能力	请问你如何在一个不太熟悉的环境中去开拓自己的客户，请结合一个类似的经历来谈一谈你的主要方法以及最终达到的效果。
系统思考能力	有些工作会涉及多个部门，包括多个环节，请谈谈你在这方面的经验？举一个你印象深刻的经历。
项目管理	请谈谈你管理的最大项目，当时的情况是什么样的？最大的挑战是什么？结果如何？

| 有效组织面试 |

如何有效组织一场面试？

如果没有足够的"暖场"，没有让候选人放松下来，巨大的不信任的人际压力会给面试带来不好的困惑和体验，从而无法获得真实的行为事例信息。

先使用常用暖场话术，不仅能起到营造氛围的作用，还能营造良好的雇主品牌印象。然后使用专业的面试话术开篇。

在行为面试正式开始时，专业、清晰的开篇提问是非常重要的，结构化行为面试时间有限，面对不同的应聘者要掌握好时间维度。应向应聘者介绍自己，并说明在面谈中会做记录，告知应聘者面试结束前3~5分钟的时间可以询问与岗位或者公司相关的问题。

这里，我准备了一场开篇的专业话术，大家可以借鉴。

面试官A：您好，王先生，请坐。一直很期待和您见面，自我介绍一下，我是今天的面试官Justin，欢迎来参加今天的面试。

求职者B：谢谢，我也一直很期待。

面试官A：这次面谈的目的是确保双方都能得到必要的信息，进而做出正确的决定，我们会提出一些问题，请你以过去经历当中的具体事例来回答，而这部分将占用大部分的面谈时间，在回答的过程中请注意简明扼要，抓住重点。

当然，要跟你说明两个面谈上的流程：第一，我会做笔记，只是为了帮助记录我们的谈话内容，所以偶尔需要一点时间来完成记录；第二，我可能会视情况调整话题，只是想确保多谈一些你过往曾经做过的事情；最后，我会留3~5分钟，让你询问跟这份工作以及我们公司相关的问题。

你准备好了么？那么我们现在正式开始吧。

| 运用STAR进行有效追问 |

如何运用STAR进行有效追问？

在梳理完候选人的工作经验和背景后，面试官可根据事先确定的岗位素质能力标准，有针对性地收集候选人的行为事例，以便于面试结束后进行评估和评价。尽管使用了行为面试提问，但有时候候选人也可能会给出非行为事例或者不完整的行为事例。

这时候，就需要面试官敏锐地观察并进行细节追问，追问的目的在于获取行为事例或者对不完整事例进行补充。

在面试中，需要有一些适当的追问（不宜喧宾夺主），这非常有助于帮助应聘者打开"话匣子"，从而保持面试氛围的融洽。

S 指情景（Situation）：这件事发生的时间、地点、人物等背景介绍。

T 指任务（Task）：这件事情发生在什么场景下，你要完成什么任务，面对什么抉择或者困难？

A 指行动（Action）：你扮演什么角色？做了哪些事情？

R 指结果（Result）：事情的结果如何？你收到了什么反馈？

运用 STAR 模型追问要做好以下几点。

针对情景进行提问：如领导为什么要你来管理销售部门？销售部门有哪些职责？你当时为做好销售部的工作做了哪些准备？等等。

针对任务进行提问：你当时具体的任务是什么？谁给你定目标或任务？为什么给你定这样的目标？你当时是怎么想的？

针对行动进行提问：你在这个项目中担当什么角色？其他人做哪些事情？你当时最关键的行动目标是什么？过程中遇到最难处理的问题是什么？你是如何处理的？

针对结果进行提问：团队的哪些行为表现比以前有了很大的改观？请讲出一个事例？公司对你工作结果的评价是怎样的？什么情况下做出的评价？如何评价的？你又是如何知道的？

需要注意的是：要针对过程中取得成功或失败之处进行提问；你认为在这个过程取得成功靠的因素是什么？如果重新做这个项目，你会在哪些地方改进？

一场面试结束后，将候选人和岗位的要求适配性放在一个表单里进行比较，综合多轮面试官的意见，就可以对比出人岗匹配度，从而为面试决策提供参考意见。

在交换面试意见时要注意一个评估原则：拿候选人比较你的岗位需求，而不是拿候选人比候选人。

岗位 \ 候选人	专业技能		能力素质			总分	匹配度
	招聘管理	人才评估甄选	亲和力	压力管理	工作激情		
	4	4	5	4	4	21	80% ~ 110%
候选人1	3	3	3	4	5	18	18/21×100%=85%
候选人2	4	4	5	4	5	22	22/21×100%=104%
候选人3	5	5	5	4	5	24	24/21×100%=114%

评分标准：

5分，完全胜任，大大超越要求达到的工作业绩标准。

4分，胜任，超越了要求达到的工作绩效标准。

3分，基本胜任，达到了成功工作绩效的标准。

2分，不能胜任。

1分，未作出评价，没有收集足够多的行为事例或数据。

如何对员工进行有效的心理干预和引导？

> 心理干预的一个大原则就是在你能力的边界内去进行帮助，谈谈话、聊聊天这就是 HR 能做的最大事情，谈得好就好，谈不好就让他离开。

做 HR 第 9 个年头了，因为一直处在工程建设这个比较奇特的业态里，积累了一些奇怪的经验。

分享的开头是"在企业内部进行系统性心理干预的一点经验"。那么，什么是"系统性的心理干预"呢，其实在企业实践中应用的范围不广，因为也不是所有公司都有这样的必要。比如说你公司少于一百人，就不需要进行系统性的心理干预，管理者自己多关注一些，发现问题的时候，直接解决了就完了。

但是在一些比较大的企业里，比如沃尔沃、TCL 这样的企业，拥有几千上万人规模的时候，只靠管理者个人的发挥，是照顾不过来的，所以我们需要建立一个心理干预系统，解决在企业管理过程中发生的心理问题，并且对整个员工群体的心理状态进行监控，避免危机的出现。

以下，分为三个部分的内容：分别是心理干预的动机、对话系统的建立以及干预的行为和结果。

本文作者赵玮任，本篇文章根据 2017 年 3 月 4 日 HR 成长部落上海线下活动分享整理。

心理干预的动机

首先我们做干预的动机来源于各行业不同的生态环境。

达尔文说过，你生活的环境决定了你外在的形态，我们生活、工作的环境不太一样，也让我们对业务的理解有了很大的不同。

我们先解释一下心理干预，就是说大家在生活中难免会遇到一些问题，在面对挫折的时候，会产生一些应激的、生理的、心理的反应。及时地进行心理干预，有助于我们把这种反应截断在心理问题阶段，不让它反应到具体的行为和具体的生活中来，这是我们心理干预的根本意义。

具体的动机主要是三个，第一个是风控，第二个是损管，第三个是秩序。

第一个概念是风控。有这样的风险存在，在一个封闭系统里面，只要一千个人里面有一个人出现了一个极端行为，就会造成剩下999个人的恐慌，富士康13跳那个事件就是这样，有了第一个，后面就有样学样。但是富士康这个企业比较特殊，是一个非常大的封闭系统，富士康龙华厂区有超过十万人，相当于一个城镇。

如果它只是一个普通的镇，比如某镇出了一个疯子也不是不可理解的事情。但是一旦出现在一个封闭的厂区中，把这个镇变成了富士康，把别人变成我们，我们中间有这么一个人出现这样情况的时候，就会有一个负面情绪的传播和感染，这种情绪就是一个重大的风险源，需要进行控制。

第二个概念是损管。是指已经出现事情以后，你怎么控制这个事情继续恶化。"损管"这个词从航海业出来，一条船是由很多舱室组成的，船破了一块不是一定会沉，有很多隔离舱，我把坏的那几个关起来，不进水了，那么这个船还能往前走，这叫损管。损管控制好了，一旦企业出一点事也不是什么大事，能自己修复。

第三个概念是秩序。秩序在工程建设行业中非常重要，为什么呢？在工程项目建设中，有一个很基准的东西，叫做总进度计划，细化到每一天你要干什么事情，你要用多少物料，花多少成本，使用多少人员，我们有这个基础，每天都细化出来，直接用这个成果来进行考核。

那么，一个计划需要严格按照时间轴走，就必须对秩序有一个很高要求，不能今天这里乱一下，明天那里乱一下。举个例子，在国外的时候特别明显，在一个与家人远离的状态下，很容易产生家庭矛盾。比如今天会因为跟老婆吵架了，没心情工作。而我们的一个项目部就好像是一部机械一样，是一个完整的系统。只要上面有一个螺丝钉坏掉了，可能导致整个系统没有办法运作，所以我们很在乎秩序这个事情。下面举两个例子。

下图上是郭总就富士康13跳事件接受采访。大家看他也很惊慌。下图下是"9·11"事件，一位高大的男子从双子塔里跑出来。大家看这样一个高壮的男子，可能有7英尺高了，你看他的表情也是很惊慌的。再强大的人，也掩饰不了他内心的恐惧，面对如此恐怖的事件，也会惊慌失措。

我们再分享几个比较常见的具有破坏性的情绪，排在第一的是恐慌，群里的 Milo 之前分享的案例就是关厂，关厂的时候那个情绪就是很典型的恐慌，一个厂一千多个人，大家都很害怕自己的工作到此结束，房贷怎么还，老婆怎么养，要不要离婚，小孩怎么样，私立学校还要不要读，这是由未来的不可预见性带来的恐慌。

第二个是躁郁，就是一种个人的状态，什么叫躁郁？心情长期不太好，具备很强的攻击性。

第三个是混乱，这是一种集体状态，什么是混乱？没有秩序，法国大概每隔两年或者三年，就会组织一次大罢工，巴黎地铁、警察的罢工很常见。地铁罢工大家出不了门，很伤心，然后就去大街上乱砸东西。警察罢工，不干活啊，就是拿着条幅在大街坐着，人家偷东西抢东西他都不管，完全失去了秩序。

第四个是隔离，是一种个人的状态。什么是隔离？若这个人拒绝跟我们交流，他就像一个黑洞一样，或者是黑盒子，不管你输入什么，他都不出来，这就是一种隔离的状态。

最后一个是毁灭，富士康 13 跳，就是毁灭。

| 对话系统的建立 |

一、狭义的对话系统

首先这是一座桥，我在施工作业现场做得最多的事情，就是建立这个桥梁，我称之为对话系统。心理干预只是这个系统带来的一个福利，一个副作用，不是主要目的。

什么叫对话系统？包括两个部分。

一个是狭义的对话系统，对话系统对话的两端是谁呢？一端是企业，另外一端是对应到每一个人身上的。在狭义的对话系统中，我们分了三个层面的交流。第一个是班组级交流，实际上就是点对点的交流，个人跟个人之间的交流。第二个是管理层的信息对称。

第三个是社会对话。

首先定义班组级交流的范围，以最小生产团队为单位，最小是哪一个，你们深入到哪一层，需要你们自己去考虑，到我这一层就是我的班组，比如说我的混凝土队，一个队三个组，一组有四个浇混凝土的人，这是我们最小的生产团队，这是针对混凝土这块的，那么管理层也是一样，人力资源管理的最小生产团队，可能到了招聘组、薪酬组这样的劳动单位。

这样的交流包括管理者与员工之间、员工与员工之间、管理者与管理者之间点对点地进行谈话观察。观察什么内容？

一是小周期内的情绪管理情况，你在一个小周期内，员工的情绪管理怎么样，有没有发生过比较剧烈的情绪上的冲突？

二是小周期内的作息、健康以及药物使用状况。作息是人最基本的一种习惯，人的心理变化最大体现就在作息上，这个作息是什么意思呢？睡不睡得着，有没有一个长时间失眠状态，这是心理疾病很重要的特征。健康状况、心理疾病可以作用到生理上，这个已经有实例可以论证了，我们不多说。药物使用状况，主要指的是成瘾物质如烟、酒、麻醉药品。

三是小周期内的社交与家庭压力的情况，社交与家庭压力是人的压力巨大的来源地。

其次要保证管理层的信息对称。分三个方向，纵向上要求管理者对你权限范围指定的预警情况全部掌握；横向上对规定范围的预警事件，要熟知所有的预案；然后环向上要求管理链条上所有的责任人要得到及时的信息对称。这个在项目管理里面叫做纵向到底、横向到边、环向闭合。

第三是社会对话。什么叫社会对话呢？当员工与企业坐到一起进行交谈的时候，这叫零和博弈，要么你输了要么我输了，这就是零和博弈。零和博弈中不可能所有人都能满意，这个矛盾没法解决，所以，为了把这个博弈变成一个非零和博弈，就必须要引进第三方的既得利益者，从社会上引进更多的人。比如说政府机构、执法机构、其他利益相关者。什么叫其他利益相关者？员工的家属、亲戚朋友，都是很典型的利益相关者。

这个对话包括哪几点？

第一点，你的管理行为有没有符合合规性要求？需要权威部门的解释。

第二点，各方利益的博弈均衡。什么叫博弈均衡？比如这里有一块蛋糕三个人分，谈到什么情况下我们是博弈均衡？要一直博弈到我们三个都哭出来了，最后把眼泪擦干，分出来的那个结果，基本上可以称为博弈均衡。也就是说，博弈几方已经使出了浑身解数，用尽了所有的方法以后，还是没有办法完全满意，最后只好承认这个结果，就叫做博弈均衡。

第三点，管理行为的权威性解释和执行力的支持，主要指法律的授权、管理行为的权威执行力支持。

在企业管理中，管理行为能不能得到支持，要看别人认不认可，当他不认可的时候，有两种方法。

第一种是你用尽手段，说尽了道理，最终说服了他；第二种方式，就是他不服的时候，再拉一个大哥来，还不服就打服他。我曾经遇到一个案例，在京沪高铁项目某标段征地的时候，老百姓不同意，你怎么办？请政府来，而往往政府的解决方案作为企业来说是很难接受的，但是有什么办法呢？一个博弈均衡达到均衡状态的时候，你再去突破是不可能的，那如果老板不满意的话，你怎么说服你的老板？你就跟他说这是政府说的，在这个决策上企业没有建议权，只能接受权威解释。而且就算你在某事件上有建议权，你也不一定有那个能力执行下来，还需要执行力的支持。那么权威解释，执行力支持，又从哪里来？一般从政府授权上来。

二、广义的对话系统

广义的对话系统由三个部分组成。第一个是单向的信息通告，第二个是内部的传媒以及公关概念，第三个是雇主品牌。

第一是单向的通告，就是我直接用一个方式来告诉你，我想要你做什么事情。禁止吸烟、严禁烟火、当心机械伤人、当心触电、必须戴防护眼镜等，这就是单向的通告。

这是一种对话系统，默认你已经提了问题了，什么样的问题？

"我在这个地方、这个情境下该怎么做？"然后我们的对话系统给出了答案和提示，华为的 HRSSC 系统的 FAQ 就是这样的一个对话系统。

当发生紧急情况时，你不知道该怎么做的时候，我通过这个系统直接告诉你怎么做，这个对话就变成了一种心理干预，避免你出现恐慌情绪，避免你因为恐慌情绪做出错误的举动。

这个东西平常你不会注意到，在什么场景下使用呢？假设这里着火了，浓烟火焰一起来，你的眼睛不停地流泪，呼吸困难，心里会非常恐慌。怎么办？突然看见这个指示，就一下子可以把你从恐慌的情绪中调整出来。

这就是为什么安全通道的标志要画个箭头？一个明确的、简单的指示能让你从混乱的情绪中找到方向和头绪。

第二是内部的公关和媒体。所谓媒体其实就是建立双向交流的系统，而所谓公关就是选择性的交流。比如华为的心声社区，允许员工以个人的身份发出声音，作为一种情感宣泄的出口和征集建议的好地方。而公关就是公司对一些信息的公开和宣传，寻求更广泛的理解支持。这一点在华为的心声社区上都有很好的体现。

第三是雇主品牌这个事情，招聘过程中用得着，不用解释很多东西，把公司的名字说出来，你可以同时感受到很多东西，比如，企业的使命愿景、价值观、行为模式、能力的上下限、成功范例、相似人群。这些因素怎么体现？比如华为的员工，我们一听他的名字，就能联想出很多特征来。

其实世界上还有比华为更有个人气质的一些组织，拥有更为悠久历史更有传统的雇主品牌，例如，Central Intelligence Agency，简称 CIA，美国中央情报局。还有 KGB（克格勃）！

这是很典型的两个雇主品牌了，不用告诉你太多信息，我告诉你这是 CIA 的人，你马上脑子里就可以反映出它的形象，这就是一个雇主品牌。两个部分加起来就是一个完整的对话系统，这个广义的对话系统，一般是单向的企业对员工；狭义的对话系统就是真正的信息之间的交流，最终我们把这个系统归结到一个东西——信息，这个信息，我们可以做出很多东西，心理干预只是其中一部分。

| 干预的行为与结果 |

干预的行为包括两个：第一个叫做五色预警状态，第二个叫做三级响应预案。

一、五色预警状态

五色预警状态就是面对不同的人群表现和频度，分出 5 种需要不同预警响应的状态。

不同颜色不对应严重程度，而是对应在项目部的操作层面上需要集中注意力的地方，比如说红色就是你需要集中处理的事情，因为很多时候你不能等到问题出来再解决。趋势往往出现在行为发生之前，你要在趋势刚刚有兆头的时候，就把它处理掉，否则一旦趋势成为了行为，我们很可能就拦不住它了。

二、三级响应预案

根据不同的预警状态和事件性质，我们制定了三个级别的响应预案。

三、八种处理结果

根据前面四个颜色的预警状态，和个人、群体两个维度，我们把每个预警状态的处理结果分为 8 类。为什么没有黑色呢？因为黑色也不需要处理了，结果已经摆在那里了。

特别要说明的是足球比赛这项，在工作实践中，我认为足球比赛很重要，为什么？这是一场虚拟的战争，用来释放压力，释放求知求胜欲，用一个相对激烈但伤害较小的手段来解决团队整体心理问题的方法是实证可行的。

这就是一个完整的在项目部进行系统性心理干预的全部内容，其实总结起来就几句话：

没事多聊天、有事多汇报、大事找领导；

遇事别发呆、打得赢就打、打不赢就跑。

心理干预的一个大原则就是在你能力的边界内去提供帮助，谈谈话、聊聊天，这就是 HR 能做的最大事情，谈得好就好，谈不好就让他离开。因为在现在这个环境下，他发生了很大的问题，你要让他继续待下去，只会发生更大的问题。不光要保护病人，也需要保护健康的人不受疾病影响。

万字干货：如何快速、批量地招聘和复制成功型销售团队？

世界500强
人力资源总监
管理手记

> 规模化组建销售团队的第一件事就是要搞清楚：我们的商业模式是什么样、产品是什么样、我们适合用什么样的营销方式把我们的产品送到消费者面前、谁能做这样的事情？

| 一般招聘方法 |

说实话，在企业里面做HR，其实大部分的工作，我相信都是跟招聘撇不开关系的。还有一部分是做培训、做绩效、做企业文化。但实际上在一些中小型企业或者在成长速度比较快的企业里，人才的招募和选拔要占到HR 70%~80%的精力。

过去9年，我基本上是一直在从事人力资源的事情，目前处于一个创业的阶段，为什么要创业呢，其实里面有一个故事，也跟大家讲一下。

我在2016年去了一家创业期的消费金融公司做HRM，大家也知道，现在消费金融这个概念非常火，整个市场容量也属于逐年增长或者爆炸性增长的阶段。所以当时就想，我算是选对了一个朝阳产业，感觉浑身充满了干劲，准备撸起袖子大干一场！

我当时去的时候，这个公司一个月的营业额在3000万元左右，整个公司有600多人。刚去的第二天就是管理层的月例会，参加管

本文作者胡林，本篇文章根据2017年3月4日HR成长部落上海线下活动分享整理。

理层例会的成员有的还是行业的大咖、前辈。整个公司还是非常有激情有感觉的。但是开完会没几天，我们的上游资金方就出了点问题。

做消费金融，它的资金来源、风控都是非常核心的，由于上游资金方的一些问题，导致我这个新来的 HR 经理在接下来几个月的工作里面，重心就是要把队伍从 600 人优化到 200 人。因为前期的盲目扩张，在公司的发展速度受阻后，销售团队的很多问题都暴露出来了。裁人从来不是一件轻松的事情，这个大家都懂的。

处理完这些事情之后，我感觉在企业做 HR 有时是非常被动的，特别是在很多创业型的企业或者在转型期的企业，虽然我们作为人力资源从业者，可能会比较喜欢给自己赋予一些重要的意义，觉得人力资源是非常重要的，一个企业至少得有一个会计和一个 HR 啊。但实际上在老板的眼里它是不一样的，他会觉得 HR 一定是要服务于经营的，跟着经营走，100 人以下的企业里，你甚至不要跟老板谈 HR 的重要性。通过这件事情，我就想，既然干 HR 都要有经营意识，像老板一样思考，那为什么我自己不能学习如何经营企业，自己学着做老板呢。于是，我就带上自己的梦想，走上了创业这条路。

再回到这件事情上，我感觉到在很多创业型的企业里面，你能不能比较规范、高品质地组建一支销售团队是非常重要的。特别是我这家公司，我去了以后，当时我们做的第一件事就是到下面四个省的一线去寻访，看一线人员的工作情况、生活状况。

因为我们是做消费金融的，大家如果去办过手机分期的话应该都知道，你去办消费金融，店面里面一定要通过手机 app 给你做一些风控审核、签单交易。天天坐在办公室你就发现不了问题，到了下面之后，我们发现下面一些员工都是四五十岁的，连智能手机都不会用。造成这个现状，是因为当时公司在快速扩张的阶段，什么人都要，老板说明天我们要招 100 个人，后天要招 200 个人，没有办法，就什么人都往里塞。短时间把这个招聘量冲起来之后，只有数字很好看,但是后面很多问题就会暴露出来。

所以,通过这个事情,我感觉到,如果你现在正在企业里面从事销售团队的 BP 的话,快速有效地组建销售团队是非常核心的一个能力。因为这里面不光是考察到你对整个销售模式或者对整个公司商业模式的理解,而且,你对整个销售团队运作方式的理解,以及你对于销售这件事情本身的理解,你对销售团队后续的人员培养的理解,方方面面它都会涉及到。

| 如何批量化地招聘销售团队 |

现在就借这个故事跟大家分享一下"如何批量化地招聘销售团队"。我觉得其实可以换一个表达方式,就是我们如何快速、有效地组建销售团队。

这其实也是很多互联网公司在拿了 A 轮以后非常关心的一个问题,因为它要走规模化的路,它要去把营收做起来,这里面最短平快的方法就是快速招人、快速冲规模。老板说这个月我们拿到了融资,下个月我们要把公司做到 200 人,年底要做到 2000 人,都是这种速度的。

我有一个朋友在创业公司里面做招聘负责人,他们拿到阿里投资以后,老板原先计划是一年招够 300 人就不得了了。后来几天以后老板说不行,我们今年团队要放到 2000 人,你看 HR 的规划怎么做。

当然这里面也会有很多坑是躲不过去的,创业公司就是在不断地调整、不断地试错后找到自己的定位和市场。很庆幸的是,HR 这个群体一向是非常欢迎变化,也非常适应变化的。

HR 一定要意识到,你能否帮助公司培养一支强悍的销售团队,一定决定了你的创业公司能不能继续走下去,这是非常关键的。有很多公司都死在这个地方,也有很多公司因为在这个点上做得特别好而成功了。

最典型的例子当属阿里巴巴了。现在所有的互联网公司要组建销售团队，一定是想方设法从阿里挖人，挖他们中供的人，比如美团和大众点评的销售负责人都是阿里出身的。像我之前所在的互联网公司，也从阿里挖了一个中供系的大区经理。

阿里早期的整个销售做得并不出众，和大多数早期的互联网公司没有区别。但是阿里后面找到了方法，这才有了如雷贯耳的中供铁军。这里面有很多东西虽然过了很多年，但仍然是我们可以借鉴的。比如美团的干嘉伟，据说是王兴谈了7次才请到美团。到了美团之后，干总的销售策略也很简单——"狂拜访、狂上单"，扩充、改造销售队伍。很短的时间就把美团的平台交易量做上来了。

我本人也非常有幸，在2015～2016年跟阿里巴巴中供系出来的一个营销负责人搭档去做BP(阿里叫政委)，非常深刻地感受到这里面其实有很多玩法可以研究，所以我经常跟我的朋友分享说，你们要是想要学销售的东西，阿里一定是你们要去研究的一个方向，他们每一个东西，哪怕是最基础的新员工培训PPT，你们都可以去反复研究，很多东西都是精华。

在做招聘这个事情的开始一定要找方向，找准方向。因为我们在企业里面会发现很多HR是在被动做事情，天天做的是to do的事情。

但实际上，你要想能决定你的生死，要想在企业里面获得比较好的认同感，你一定要往前走。你要去关注整个经营层面，关注商业模式，关注团队从0到1再到N的过程，所以我们规模化组建销售团队的最重要事情就是搞清楚：我们的商业模式是什么样；产品是什么样；我们适合用什么样的营销方式把我们的产品送到消费者面前；谁能做这样的事情？

所以，如何精准定义我们的目标销售人才是非常关键的一个点，因为如果一旦在这个点上走偏了，比如我们招的人不对，过了两个月之后发现我招的20个人都没有产能，老板说不行你给我砍掉吧。那么事情来了，大家都知道这个事情不好做的。

| 效率型销售与效能型销售 |

这里面有个非常简单的分类方法，当然可能会粗糙一点，但是我觉得基本上能代表目前我们大部分行业的销售类型的分类。

一个是效率型销售，一个是效能型销售。举一个简单的例子，什么叫效率型销售，就是保险电销，我给你名单，然后你每天一个人打200个电话，保障2.5个小时的通时，然后我们自然而然就会有结果。

所以我们会发现，在很多保险公司，它是一车一车地从各个偏远的学校里面拉人过来，或者像很多互联网公司的地推团队。它会说，我这个月才有3个城市，下个月我要有50个城市，再下个月我要有100个城市，它的复制速度非常快。根源还在于它的整个销售模式就是简单的复制—粘贴—复制—粘贴，然后去执行就好了。

因为它这种本身要求比较低，这个团队也会比较简单、粗暴一点，我们会经常看到大众点评和美团的地推打架，明天饿了么跟哪家公司又打架啦，会比较奇葩一点。

还有一种叫效能型销售，比较类似于大客户销售，它可能成交1单得花上3个月、6个月甚至1年的时间。它会对我们的销售人才的素质、社会资源、社会人脉有特别高的要求，这也是很多朋友会觉得比较难招、难培养的一点。有些新型互联网公司由于市场细分，它所需要的又是这种效能型销售，不知道从哪里找。

实际上在这两个类型里面我们只要找准是哪个以后，我们在后续的选人标准、选人渠道、后续的培养方式、人才激励方式上，是完全不一样的。你不能用这种堆量的方式要求大客户销售一天必须陌拜10~20家企业，最后把销售全逼走了。

这里又要提到阿里了，人家就厉害在用效率型销售的方法干了效能型销售的活。举个例子，比如说卖这种中国供应商的产品，一单产品从几万到几十万，如果按照传统的销售漏斗，那做一单至少十天半个月了。

但阿里的销售套路很简单，就是我每天定陌拜量，每天我找一个工业园，每天把这里面的公司全部扫一遍。扫一遍之后，我会把这些商机全部登陆到我的系统里面去，那这些就是我的商机。然后我在45天以内要有后续的进展，如果没有后续的进展，这些名单要全部释放出去，变成别人的客户。阿里早期在每个城市都租一个宿舍，然后大家都住在一起，每天早上早会，每天晚上晚会，天天从早上7点干到晚上12点，大家还不嫌辛苦。

他们整个销售模式也非常有意思，我跟阿里的一名前销售主管聊过，特别有意思。一个女销售去外贸企业做客户拜访，然后她拜访的那个老板正好有个做外贸的朋友也在，她就跟他推荐阿里的产品。讲半天之后他朋友就说你不要听她的，阿里的产品没有用，我买了2年也没见啥效果。那老板当时就有点犹豫，这个时候，如果你是这个女销售，你会怎么办？

女销售就说你觉得没用你买干啥呢，为什么还要连续买2年呢？老板一听，说OK，今天我把你的东西买了。为什么？因为老板想，你肯定是用了有效果，不想让我用。

实际上我们在大部分企业里面是做不到的，比如我们招的是效率型销售的话，我们可能更会喜欢什么呢，白纸，对吧？来了之后你就听我的，我让你每天打多少电话你就打多少电话，我跟你说话术怎么讲你就一个字都不要给我改。

但如果我们是效能型销售的话，可能就需要你这个人非常能言善辩，非常能喝酒，非常能去跟客户搞关系，否则的话你就根本搞不下这种大单子。所以我们在这里面会发现两个类型不一样的话，所导致的后面一切动作都不一样。

新员工培训

这里面也有一个很现实的问题，我们今天公司只有50个人，然后我们拿了1000万元的融资，老板说接下来我们6个月内要招200个人。那问题就来了，我怎么去保证我招进来的200个人都有产出？

因为你没有经历过这个过程，没有亲身体验过，说实话那个时候老板只是大手一挥，我们就干。但对HR来讲，你要考虑的是我招进200个人，那这200个人能不能产生贡献，能不能确定最后我把他送走，还是让他留在企业里面成为我们的骨干、成为我们的精英。

这里面就会有三个共性的问题：第一，如何做好我们的新员工培训，去提高留存，提高生存率；第二，如何快速地出成果。这个问题是老板最关心的。老板们恨不得说今天你给我招了个销售明天给我签个100万元的单子，就是最好的了，对不对？

行业里面有家公司，现在已经垮了，它当时是所有的销售必须带单入职，你不带单是不能入职的。我给你很高的底薪，但是你来的第一天你得给我签一单，否则你不用来，这样保证他能快速出成果。当然这种方式比较偏激，不适合我们大部分公司。

第三个共性问题：如何设计我们的激励机制，把人用好，把队伍用活。

我们先看第一个问题，如何去做好新员工培训。就像之前朋友讲到培训是很难出成果的，而且培训是很烧钱的。就像我们一开始，老板说，你看你们人力资源部搞的新员工培训，一培训就培训两天，有效果吗？你还不如把这时间给我改到晚上或者周末，我们把那内容给他讲一讲就完了嘛。完了之后，交给业务团队让他们自己去搞就行了嘛。但是我们最后发现，这样一搞，很多新员工的流失或者整个团队的味道就不太对，我们发现很多负面的东西会慢慢冒出来。

所以，后来我老板也觉得这个事情很重要。

在新员工培训这个环节，做是肯定要做，关键是怎么去做好、做出成效。这里面其实一开始我也不知道怎么去做，但后来我跟很多非常资深的做培训的人交流之后发现，这里面有太多的东西。

比如他会把新员工培训分成五个阶段，包括融入—上岗—回炉—衔接—晋升，这五个阶段做得非常细致，在每一个时间点做什么事情，有什么输出，有什么标准都有要求。比如新员工进来之后的第一场培训一定是针对企业文化的培训，之后对他做产品、业务技能方面的培训。

他通过我们第二轮的考核之后会上线正式作业，很多公司做到这一段就不做了，没有下文了。实际上你做得专业的话，你在这个环节还有一个回炉的过程。我要把这些人拉回来，大家把遇到的问题再讨论一次，再根据我们之前的案例和我们的一些经验做一轮补充，这样，他的理论跟实践一结合，再加上他的实操经验在里面，他会很快上手，很快就把他遇到的问题解决掉。

最后一个是衔接，就是从普通员工到正式员工会有一个转变的过程。这也是很多公司最容易忽视的一个培训环节。用互联网的话说，就是要塑造社群的仪式感。

怎么去评价一个培训经理做得好或不好？我一开始也不知道。有一次面试一个培训经理，他就跟我说他的办公室里面有4面墙，有3面墙全都是表格，是各种各样的业务分析数据。培训一定基于业务的数据去开展，我们经常犯的错误就是培训和业务脱节，培训干培训的，业务干业务的。反正我们课件就是那些课件，几百年都不改的。

还有，我们在这里面常犯的一个错误，就是我们把培训做得非常高大上，比如我们今天开发一个BD签单的流程或者BD陌拜的流程，会搞得特别高大上。诸如你要怎么去跟客户谈产品的优势，怎么去跟客户逼单。但实际上我们发现，真正的接地气的新员工培训，一定是要做到非常傻瓜式。就像你去买一台冰箱，说明书会告诉你第一步把插头插上，第二步把开关打开，第三步把冰箱里面不用的东西拿出去，只有这样简单的操作SOP，才能保证你的销售人员是可以准确接收到你要传递的信息的。

这里面大家可以去研究一下阿里诚信通的培训案例，非常有代表性。

很简单，你每天工作的第一件事，是给今天约好的客户打个电话，问一下今天在不在公司；第二，是我要准备哪些资料放到我的包里面去，然后去见客户；第三，是我要跟我的领导商量一下怎么去制订我今天的陌拜路线，怎么走效率最高；第四，是我到了客户那里应该先找谁，我怎么去攻破保安这一关，进去之后我怎么去跟总经理开口，怎么去跟他谈。这里面它都会一步一步来，傻瓜拿到之后都知道他应该怎么去做。所以在新员工培训上真的是越简单越好，不要做得太花里胡哨了。

第二个部分是如何快速出成果、出业绩。这里面除了刚才讲的带单入职以外，其实还有一个，就是我们一定要去定义什么叫成果。老板说这个人给我签单100万元就算有成果，HR说我只要能让他独立上手操作就算有成果，这里面就得有标准。

但实际上我们发现，可以给新人分阶段定目标，比如说你在这个星期先获取3个意向客户，是不是比你在这个星期签5单容易很多呢，他如果有这个意向客户，实际上成单是必然的事情。所以在这个环节，我们一定都要准确地给新员工设计一个不是很离谱的目标，他能比较好地去"够"到。

很多公司都在做"老带新"。这里面实际上在保险公司做得非常完善，方法也非常简单。怎么操作呢，比如说今天我带这个新人，他只要出一单我可以拿1000块钱奖金，或者他出一单我拿20%的奖金。大家会看到，最近是不是到处都有链家的门店，链家把这个模式玩得非常熟练。

大家有机会可以去研究一下链家公司。它招的很多人都是应届生，它在每个城市开新店的时候会从其他城市特别是北京（北京是他们大本营），拉一帮人过来到新的地方当它的"老人"。然后老人带的每一个新人都可以拿他以后永久的提成，所以很多老人就特别愿意带新人，这就从机制上保证了老人有意愿去带新人。所以我们看到链家的店开得很快、复制得很快，背后其实是它人才复制的速度非常快。

第三个是如何设计激励机制，这里面也是可以细分成两个问题。第一是如何去设计销售人员的薪酬结构，市场上这块有几个比较通用的玩法，一个是底薪＋提成，最简单粗暴；还有一个是底薪＋绩效＋提成。这里面，有一个问题想问大家，比如你们公司在全国有20~30个城市都有销售团队，那你们的底薪是每个城市不一样呢，还是全部保持一样呢？

比如说这个人在上海，他拿2500元的底薪，那如果这个人到安徽，我们可能就会给他2000块的底薪，对不对？

但实际上这真的公平吗？安徽的客户资源和市场环境要比上海的稍差，在成单的概率上是不是也会相对低一些？所以，安徽的底薪低于上海的底薪，看起来又不那么公平。

如果你希望在整个销售团队的薪酬管理上相对简单一点，我建议你采用全国一样的底薪，一个是方便你去管理，第二个是方便你去做对比，包括成本上比较好去做管控，以及方便做跨区域的人才调动。然后在整个激励机制上，建议采用"底薪＋绩效＋提成"的三层结构；底薪保证基本生活，用绩效来管控销售过程和合规，用提成来奖励结果。

另外比较重要的一块是怎么做好销售团队的激励，你是PK也好，表彰也好，树标杆也好，这里面有很多问题，重要的是打造一种文化，一种精神，一种魂。比如《亮剑》中的李云龙，他的队伍里什么样的人都有，但是大家的思想和认识高度一致——就是打胜仗就能跟团长要酒喝、要肉吃、要弹药，打败仗就要被团长指着鼻子骂。

我们在做销售团队激励的时候，经常犯的一个错误，就是过度关注激励成本，结果起不了激励的作用。激励其实玩的是增量，不是存量。这部分本来是不存在的，又何来成本呢？你的饼不够大，不够诱人，人家看看就没有然后了。

把激励做大一些，门槛分阶梯。人的欲望是没有止境的，他这个月吃了肉，下个月就绝对不能接受只喝汤。我们之前在保险公司里，有很多业务经理喜欢干一件事情，就是和销售人员聊梦想，然后第一时间满足他。比如 iphone4 当年上市，很火。上市第二天一个团队整体换 iphone4，没钱买怎么办，团队长帮你刷信用卡，先买了，再努力挣钱。

另外一个，就是在做激励的时候，一定要有意识地树标杆，树典型、"造星"。你要定义组织需要什么样的标杆，找出来；如果找不出来，那就想办法从现有的人里面选拔培养。一个销售队伍如果没有标杆，没有典型案例，是很可怕的。

| 如何聘到合适的人 |

接下来，我们谈谈如何找人——很多 HR 最头疼的问题。

第一，我去哪里找我需要的人，特别是新兴的行业，对大家来讲真的很难。比如有个人问我：我是做钢琴互联网的，我们的销售最好要有一定的音乐基础，还要懂服务型销售。我一听有点摸不着头脑，我去哪儿找这样的销售。

另外一个常见的问题，就是我们看了很多人，我们看上的不来，我们看不上的想来公司我们也不要。

关于如何提升渠道的转化这里不展开来讲，渠道这块其实很简单，先要有量，再谈如何提质。

我有个朋友，以前在大智慧做 HR，一年大概要招 1000 个人。怎么完成这个目标？非常简单：第一，当地能想到的渠道全部都列出来；第二，看看我们有多少招聘预算，在重点渠道上铺进去；第三，就是每天一个人打多少电话，你有多少个面试，有多少个上岗，然后我们把整个招聘团队招聘专员的底薪全部调成 2500 元，采用类似销售的方式，你招一个人我给你多少钱，然后我还要考核你的阶段性留存率。招聘负责人拿整个招聘团队的提成和激励。

还有个朋友问我，现在像客服、销售类的岗位，每天招聘网站的简历都被打了无数次，怎么办呢？我说也很简单，一般公司 8 点半上班，差不多 9 点开始打电话，那你就要求招聘团队每天 8 点上班，8 点 15 开始打电话；45 分钟你就可以把当天的新鲜简历全部扫一遍了。

其次，在提升渠道转化这块，我们要做的是要有过程的监控。我跟一个智联的 RPO 负责人聊过这个问题，我看过他们的过程管控表，比我想的还要细致。细致到每一天每一个人每一个动作，横向、纵向对比，张三和李四对比，昨天和今天对比，我都能看到，我就会去这里面找可以提升的点。比如话术，张三和李四，我会发现张三的话术邀约到位率比较高，那一定邀约的话术是不一样的，那么，我们就可以把张三的话术分享给李四，李四的效率就提升上去了。

再一个，这里面要把很多细节做到位。我举个简单的例子，比如说，我打电话邀约，很多人都不来，我一个电话打过去，对方说我明天一定来。然后，果然明天不来。

这里面其实我们可以做什么事情呢，因为电话的沟通始终是比较平淡的。如果你是个女生，声音比较好听可能比较占优势，但如果你是个男性，你就没有这个优势了。那怎么办呢？当时想到的办法就是，我们设计了一封很吸引人眼球的面试邀请邮件，我们会告诉他这里面有你的工作岗位、内容、收入、公司的环境等方方面面的东西。虽然一看就会觉得是一个广告，但他看完可能就会觉得我得去现场看一下。这里只是举了一个例子，还有很多细节，我觉得是可以去做深做透的。

这两件事情一定要同时抓，渠道和转化率，你放松哪一个，都会导致你整个工作没有成果。

内部推荐这块也不去展开了。要做好这个事情，最简单的一点就是老板要给钱。曾经有个朋友跟我说，他跟老板求了大半个月，老板终于批了预算。但是老板说了，我们家的内部推荐，比较关注人员的推荐质量，新人进来一年以后把推荐奖金发给大家就行了。

对于内部推荐，因为现在很多BAT的公司把这个做得非常好，所以很多公司都想学着去做内部推荐。但实际上你想把这个东西做好，首先一点是你的行业、雇主口碑、老板对这件事情的认可非常关键。这里面有很多种玩法，大家可以多去跟互联网公司学习，比如积分制、竞赛制、游戏化等，有很多的标杆公司可以去借鉴。

基于营销思路的面试方法，其实在很多销售型公司里面非常成熟。在正式的面试开始之前，我会有个主动营销的过程。一个是我会比较全面和准确地跟我的候选人去讲公司销售的工作内容，企业文化的方方面面。作用在于：一是会合理控制面试人接下来的预期；其次是消除他的一些疑虑。比如说，我们公司加班比较多，他可能会比较关心加班多到什么程度呢，但实际上你不能指望你的面试官去跟每一个人都讲得很透。所以我们在面试之前会有个宣导，视频、PPT也好，用人去讲也好，都是需要这样一个环节的。这块在保险公司里面做得非常好，大家可以去借鉴一下。

第二个，如何更好地去说服候选人？其实这个东西我觉得真的是因人而异，同样一家公司同样一个岗位，张三去说可能就没李四说得好，李四去说可能就没王五说得好，但这里面内容是一样的，就看你的整个策略是什么样的，这背后是你需要对候选人的求职动机把握得非常准。

所以我们在面试的时候经常会去问，比如说张三你最近找工作比较看重哪些点呢，你比较喜欢去什么样的环境工作呢。如果前半个小时的面试觉得这个人很合适，那我后半个小时会主动地吸引他，愿不愿意来我们公司上班，这是我们面试很多保险销售常用的方法，经常一打一个准。

很多做过销售团队管理和建设的人，他的话术、沟通就非常有效。所以如果你们有精力的话，我觉得去把你们的面试官好好培训一下，不要等到最后业务面试官过来问 HR，你看怎么帮我把这个人留住，实际上在面试的过程中就应该把这个事情做到。在面试结束以后，大家就达成了契约，如我明天会来上班，要么就不来，没有说再拖拖看的必要。所以这是基于营销思路面试方法的一些实践。

| 销售人员的盘点和留存 |

很多 HR 如果没有好的业务敏感度的话，其实是没有这个意识的。这样，你就会很被动地去跟着业务走，你会觉得做报表、做分析、做产能是业务管理岗或者业务分析岗的事情。

但实际上如果你想做一个好的 BP，第一，你要清楚你团队里面每一个人的情况。他家里父母兄弟几个，女朋友有没有，房子有没有，每天上班多长时间，精神状态好不好；第二，从他进公司的每一次考试、他的每一次通关、每一天上岗的业绩数据你都要有。这些东西都是我们在做盘点时的基础材料，如果没有这些东西，实际上你是没有办法去合理地评估销售人员的。

特别是我发现有些销售，可能不是说他进来就能有成果，他是有一个时间段的。比如老板说张三进公司一个月了没有成果，让你把他砍掉，那 HR 怎么办呢，砍还是不砍。如果不砍再过一个月没有成果老板会找我，如果砍呢我觉得这个人好像还有点潜力。

所以这里面我们做盘点非常重要。我们在之前的互联网公司，每一个月都会出一份人员盘点报告，这里面会包括三个维度（学习能力、心态、独立解决问题能力）。有的人可能要说怎么没有业绩维度呢？但实际上对于很多新人来讲，你一开始就去看业绩，其实意义并不是很大，也看不清楚。既然我们给了他 3 个月试用期，可以给他一点时间。

第一个是学习能力。就看每次的通关考试能不能考到 95 分以上（或者 85 分以上）。我们大家知道前一阵比较火的顺丰，王老板一下子发了 14 个亿，我们都很眼红，在顺丰，所有的新人考试，据我了解是不能低于 85 分的，少于 85 分的不能录用，所以能保证它的后端人员品质非常好。

第二个是独立解决问题的能力。如果这个人进入公司一个星期他都没办法独立作业，天天就是跟在团队长后面问这个问那个，我就觉得这种人应该被直接砍掉。我会觉得至少这个人还没成熟，他还是个小孩子，不知道该怎么去独立工作。你要留着，只会把你累死。

第三个就是心态。这个问题，我们的企业也是学我们的党，把价值观、意识形态看得很重要。团队里面一旦出现负能量，不论是谁，只要你传播负能量，我就要把你砍掉，因为这个东西确实会传染，特别是很多新人。一个团队里面是有一些人很忠诚于你的，他会很相信你，还有一部分是中间派，比较摇摆，今天信你明天不信你。还有一部分就是我们讲负能量的那拨人，实际上负能量的那拨人会影响到中间那部分人，他会传染，到最后就会走一大拨人。

所以我们在团队里面发现心态不是很好的人，或者他去传播一些负面的东西，这样的人，第一次我们会跟他谈话给一个警告，这样的事情不要再发生第二次，如果再发现第二次就直接走人。

一个好的销售团队，大家的心一定是要在一起的，力往一块去使。然后作为业务主管，你要把整个业务往正确的方向带，出成果是自然的事情，这就是人才盘点的本质。

薪酬管理篇

让薪酬设计获得成功的四个秘诀

如果说人力资源专业是一项皇冠，薪酬设计就是皇冠上那颗最亮的明珠。HR 们一般都希望能够跳出自身局限而具备业务视角，可以和业务人员平起平坐，薪酬就是帮助连接业务和 HR 的最好桥梁。

我曾应高绩效 HR 联盟盟主大伟邀请，首次在千聊平台上做在线分享，题目是关于"短期激励"的设计。大家对这个题目的热情超过我的预料，当天系统显示报名人数超过了 500 人，其中有 100 多人还是在免费报名截止之后付费进入的。

众所周知，目前市面上的 HR 在线分享课程很多，但大多围绕企业文化、人才管理、雇主品牌、培训发展等方面。这次之所以选择薪酬设计这个冷门话题，主要因为我一直认为薪酬设计是 HR 所有领域中最核心也是最具技术性的领域。如果说人力资源专业是一项皇冠，薪酬设计就是皇冠上那颗最亮的明珠。

从我自己过去 10 年左右的从业经历来看，对自己工作经历最有帮助的，还是之前在一家美国公司总部做的薪酬分析与设计工作。这段经历从两个层面帮助我修炼了基本功：在技术层面学会如何分析和运用各种繁杂的数据；从战略层面学会如何以业务而不是 HR 的视角来看待企业运营。

HR 们一般都希望能够跳出自身局限，具备业务视角，可以和业务人员平起平坐，薪酬工作就是帮助连接业务和 HR 的最好桥梁。

薪酬设计并不是短短一个半小时就能学会的，它需要设计者在长期大量的工作实践中，积累起对业务的熟悉和对数字的敏感度。但是，薪酬设计也没有想象中那么神秘和困难，只要你遵循下面的原则，不论是做长期激励还是短期激励，你都可以用比别人更快的速度掌握这个领域。

| 具备从外及内的视角，充分了解业务 |

既然薪酬是连接 HR 和业务的最有效桥梁，那么，成功的薪酬设计一定是建立在对业务充分了解的基础上的。不了解业务，你做出来的薪酬设计就只会是无的放矢、废纸一张。

如果你不知道该如何以全局思维来思考企业的经营和战略问题，《CEO 说——像企业家一样思考》这本书会是一个很好的起点。本书作者拉姆·查兰是美国著名的管理专家，担任过很多家世界 500 强公司董事长的私人顾问。

查兰提到，伟大公司的 CEO 们都有一个共性，就是能够透过复杂的表象看到商业本质，抓住企业经营的根本要素——商业智慧。什么是商业智慧？其核心就是企业家需要关注的六个关键要素：现金净流入、利润、周转率、资产收益率、业务增长和顾客。

巧合的是，这六个关键要素也是薪酬设计人员经常关注的。实际上，很多企业的长期或短期激励的 KPI，直接就取自这六个要素。

| 具备薪酬设计的基本功 |

薪酬号称是 HR 中的"财务"，这也是 HR 工作中最具技术含量的。既然讲技术，你就得具备技术的基础。

数据分析能力必不可少。做薪酬设计前期测算，你会接触大量来自两个方面的数据：一个是外部薪酬调研报告数据，另一个是企业自身员工薪酬数据。我之前做全球薪酬设计时，公司全球员工超过2万人，分布在10多个不同国家，各种复杂的原始数据都有，假如没有一定的数据分析能力，要想做好薪酬设计是不可想象的。

好在我们有一个强大的工具叫Excel。Excel段位比较高的"童鞋"们都自称为"表哥"或"表妹"。如果你能够熟练使用Excel，数据工作就会如虎添翼、事半功倍。说实话，我大部分的Excel技能都是在做薪酬设计那段时间积累起来的。

记得当时在使用Excel时，我最喜欢琢磨的一件事儿就是尝试以不同方式去完成同一件任务，后来每次都能为自己找到一种更快的新办法而兴奋不已。

平衡好"科学与艺术"

我做薪酬时的上司有一句话：Compensation is arts, not science。这句话让我受益匪浅，后来又把它送给了我以后每一个做薪酬设计的同事。

这话是什么意思呢？翻译过来就是说，薪酬工作是一门艺术而不是科学。艺术强调的是人的主观判断，科学强调的是严谨和客观事实。

这话初看起来和薪酬设计的出发点自相矛盾。做薪酬不就需要准确严谨吗？不错，在进行数据计算时确实需要严谨，容不得半点错误或掺假。但另一方面，在实际薪酬设计过程中，也有很多需要"讲艺术"的地方。

比如，你选取的一份薪酬报告，上面的某个数据和其他大部分数据相比，会因为过度偏离而显得过高或过低。这时你就需要运用主观判断，在使用该数据前将其主动抛弃或修正。

再比如，你在设计薪酬架构时，有一些数据你无法做到完全以事实为依据：你的短期激励占全部薪酬比例到底是希望设计成5%

还是 8%？你的利润 KPI 到底是占全部绩效的 10% 还是 15%？这些答案都没有正确与错误，它们需要你作为设计人员来加以判断。而判断的依据来源于哪里？就是取决于前面所讲的你对业务和市场的熟悉程度。

| 沟通、沟通再沟通 |

激励方案设计成功的衡量标准是什么？就是公司里的每一个员工，都能够把自己的奖金是如何计算的清楚地讲出来。

为什么这么说？因为激励的最终目的就是要激发员工的特定行为，假如一名员工连自己的奖金是如何发的都讲不清楚，你如何指望他去改变自己的行为？这就需要薪酬设计过程中的沟通。

记得当初我所在的那家公司完成全球奖金方案设计后，接下来又制订专门方案向全球员工沟通：首先，在项目启动时，把奖金方案翻译成各国语言，通过当地总经理和部门经理与员工个人层层沟通；其次，在每个季度召开的公司全员大会上，CEO 也会专门花时间来介绍新奖金方案；最后，HR 在公司内网专门挂了一个网页，除了详细介绍奖金方案之外，还每月定时跟踪和公布奖金 KPI 的实时结果。

设计好年终奖，踏实过完一年

企业在设计年终奖方案时，要避免孤立地看待年终奖，而要把它和工资及其他奖金收入合并起来，看员工的整体薪酬水平在市场上是否有竞争力。

每逢春节，每个人最关心的就是自己的年终奖能拿多少。

年终奖是薪酬中仅次于工资的一个最重要部分。但是，在实际管理中，如果 HR 没有对年终奖合理设计，或没有把年终奖的意义和员工沟通清楚的话，就会带来管理上很多不必要的麻烦。

| 年终奖的意义是什么？ |

年终奖属于奖金，在薪酬的三大工具中属于短期激励。

薪酬的三大工具作用分别不同：工资是基于个人的市场价值，着眼于考虑未来，也就是这个人未来在市场上值多少钱；长期激励除了市场价值，还看个人潜力，而且也是着眼于未来，和工资不同的是，这里的未来大于 1 年。

短期激励则基于个人在过去一段时间（通常 1 年以内）的绩效表现，绩效好则奖金高。

很多时候，企业容易把这三大工具混淆。本该用工资或长期激励来挽留高潜力人才，却偏要用高额奖金；本该用奖金来奖励员工

世界500强
人力资源总监
管理手记

的过往绩效，却偏要用加工资或授予长期激励。

假如企业薪酬预算充足，爱怎么做无可厚非。但是，当预算有限时，就需要分出个优先顺序来，好钢用在刀刃上，把钱用到最能发挥作用的地方。

| 年终奖的发放依据是什么？ |

根据央视新闻最近的一个调查，年终奖的发放依据五花八门（如下图）：

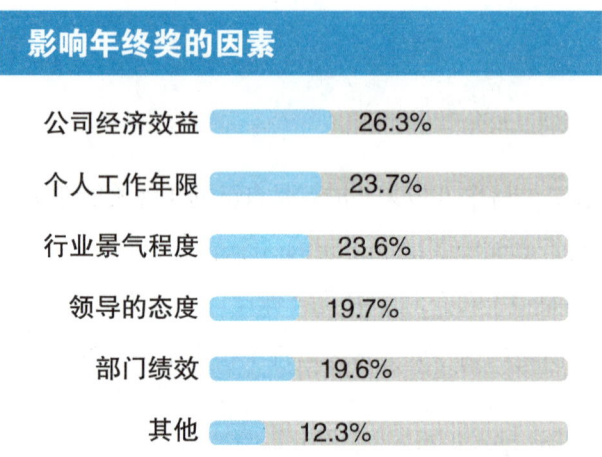

事实上，年终奖作为一种短期激励，首先应该严格和过去一年的绩效挂钩。这里的绩效既包括公司或部门的整体绩效，也包括员工个人的绩效。在绩效考核完善的公司，会在年初制订当年的绩效目标，确定考核指标，年终时严格按照指标达成情况来核算年终奖。

除了绩效，还应该考虑的一个因素是：个人当年有效在职时间，不在职期间的年终奖应该按比例扣除。

年终奖的金额如何确定？

从奖金设计的角度看，年终奖都会有一个目标值，也就是业绩100%达标的情况下，员工理论上可以拿到多少年终奖。

大部分公司将年终奖目标设计为年薪的一个百分比，也有以几个月的工资来定义年终奖的。不管如何界定，年终奖都属于薪酬支出的一部分。企业在设计年终奖方案时，要避免孤立地看待年终奖，而是要把它和工资及其他奖金收入合并起来，看员工的整体薪酬水平在市场上是否有竞争力。

假如某企业的固定工资水平在市场上已经偏高，在这个基础上又和竞争对手取一样比例的年终奖，则可能造成整体薪酬水平偏高，给企业带来不合理的人力资源成本。

一般市场薪酬报告中有一类数据叫现金薪酬，等于固定工资加年终奖金。建议你用这个数据去对比企业的工资加奖金部分，而不是单去比较市场报告中的奖金数据。

年终奖一定要有吗？

根据央视调查结果，有超过50%的被调查者没有年终奖。不知道这里是因为绩效不达标没有拿到，还是压根企业就没有做年终奖这个设计。

从薪酬设计角度来看，在整体薪酬成本保持一定的前提下，拿出一部分预算设计为年终奖，可以给企业带来几个好处。

1. 合理省税：年终奖的个税计算办法和工资不一样，年终奖的计算是把奖金总额单独拿出来除以12个月，再按一定的税率计税，个税明显低于正常的工资计税。

2. 刺激绩效：年终奖可以根据公司事先设定的绩效而定，金额可以上下浮动，这样既能刺激员工更好地创造绩效结果，也能帮助企业合理控制人工成本。

3. 员工激励：中国企业习惯设立年终奖，不论金额多少，有年终奖的企业对员工的激励远大于那些没有的企业。

| 年终奖应该什么时候发放？ |

大部分企业的年终奖会在春节之前发放。不过，发放时间设置得巧妙，也能避免员工离职高峰。

比如，有的企业很聪明地把年终奖发放时间放在比较靠后的月份，比如4月或5月。众所周知，春节前后是员工离职高峰，推迟发放年终奖，可以有效降低员工集中跳槽带来的风险。

| 提前离职的员工是否能享有年终奖？ |

我们经常会遇到一种情况：员工在年终奖发放之前离开公司，之后又回来向公司索取自己应得的那份奖金。

参考国家关于工资总额组成的文件规定，工资总额的组成部分包括奖金。年终奖属于奖金，因此也属于劳动报酬的组成部分。

《中华人民共和国劳动合同法实施条例》第十八条规定：劳动合同对劳动报酬和劳动条件等标准约定不明确，引发争议的，用人单位和劳动者可以重新协商；协商不成的，适用集体合同规定；没有集体合同或者集体合同未规定劳动报酬的，实行同工同酬；没有集体合同或者集体合同未规定劳动条件等标准的，适用国家有关规定。

因此，如果企业在劳动合同或公司的规章制度中没有明确规定年终奖发放方式，同时双方又无法协商一致的，企业需要依据对其他员工的年终奖计算方式来发放离职员工的年终奖。

但是，如果劳动合同或规章制度中已经明确规定，员工必须在年终奖发放之日在职，则企业可以不支付离职员工年终奖。企业如果提前处理好这一细节，未来就可以有效避免一些不必要的麻烦。

面对老员工工资日益高涨，企业该怎么办？

> 随时随地都要给自己危机感，从进入工作岗位的第一天就应该问问自己：这个岗位未来的发展趋势是什么？自己如何才能为公司创造出最大价值？假如自己今天离开公司，有哪些技能和经历是未来可以让自己继续受益的？

———

网上曝出了某公司开始清理年龄为 34 岁以上的老员工，具体原因大概是因为该公司面临来自市场竞争，以及公司自身员工工资成本快速增加的巨大压力，所以不得已采取这种激进的办法。

先不论此事的真假。像这样的消息一旦曝出，我相信对很多企业和员工都是一个警醒。

自改革开放以来，中国经济已经在快车道上发展了几十年，很多身在其中的企业员工们也充分享受到了这种经济发展所带来的红利，习惯了年复一年的升职或加薪。但是，再高速的发展也有滞缓的时候。而企业经营的最终目的是为了盈利。那么，当盈利增长速度降低时，企业终究会想办法来抵消日益上升的运营成本。看看今天的西方公司，通过裁减人员和降低经营规模来抵御经济下滑和成本增加的风险已经成为家常便饭。随着中国经济进入成熟阶段，西方企业所经历的今天，可能就是中国企业所面临的明天。

一旦企业进入裁减成本模式，企业里那些收入与能力不匹配的老员工便首当其冲地成为了受害者。这是大部分企业都普遍存在的一个问题：一方面，随着员工在公司就职时间的增加，薪水也会越来越高；另一方面，员工的工作胜任能力可能随着年龄的增加、对新鲜事物吸收能力下降而逐渐降低。要解决这个矛盾，就不得不请这些员工走人。

裁人是企业不得已而为之的做法。任何企业如果走到这一步，都要三思而后行。因为一旦发生裁员，对企业声誉的影响是巨大的。危机过后，企业再想从市场上招人，对人才就难有当初那种吸引力了。记得当年联想公司第一次大规模裁员的时候，网上曾经出现了一篇文章叫《公司不是家》，该文章后来在互联网空间迅速扩散，广为流传。这种负面消息的曝光，相信联想后来花再多努力去打造雇主品牌都是难以挽回的。

尽管如此，当企业面临日益上升的成本压力时，尤其是针对某些收入虚高的老员工，有什么办法可以最大限度避免裁员这种激烈的人力资源管理手段呢？

| 绩效管理 |

绩效管理的关键在于加强平时对绩效的跟踪、辅导和考核。如果平时管理者们都满足于做一个老好人，就容易把绩效问题堆积到以后。最后到了问题无法掩盖和堆积时，不得不一次性大规模裁员。假如平时就加强绩效管理，对于绩效不合格的员工，管理者应该随时要求并监督其做出改进；改进效果不佳者考虑转岗或劝退。这样可以把低绩效、高工资的员工提前进行疏导，达到及时对人员结构推陈换新的目的，为以后的人员管理减轻压力。

这里尤其值得注意的是，越是级别高的员工，越要对他们严格要求绩效。通常，在企业里的业绩考核用来严格考核中基层的员工，高层仅仅作为业绩考核的监督和执行者。有时候对这些人即便有考核，公司也是心慈手软。因为高层人员身居要职，对企业负担的责任更加重大。因此，企业应根据岗位职责来进行更加严格的考核。对考核不合格的高层人员及时更换。

薪酬制度

一般来说，薪酬制度可以有两种：一种是按员工资历付薪，工作年头越长，哪怕你没有什么贡献，薪水依然会节节攀升；另一种就是按绩效付薪，员工的薪水只与其岗位和绩效表现有关。每个岗位都根据岗位职责来确定基本工资，奖金则与员工实际绩效表现严格挂钩，与员工在公司服务了多少年限无关。这种做法，可以有效避免单纯因员工资历增加而带来的薪酬成本上升的问题。

华为公司在实施员工虚拟股分配的过程中，发现随着员工工作年限的提高、职位的晋升，越来越多的财富集中在公司的中层手中，导致基层员工无法公平地分享利益。为了解决这个问题，华为后来推出了名叫 TUP（Time Unit Plan，时间单位计划）的员工持股计划。

在这个计划中，公司每年根据员工的岗位和级别、绩效，为员工分配一定数量的虚拟股，员工的股票到手后不再是一劳永逸，而是以5年为一个周期。获得股票的当年没有分红权，以后在第二到第四年中逐年分批获得全部股票的分红权。到第5年，公司按股票现值与员工结算，并对全部股票清零。华为就是通过这种机制，改变了老员工过去那种躺在功劳簿上分享公司收益的状况，重新激发了老员工的奋斗精神。

假如企业从自身的文化特点出发，希望对服务年限长的老员工也有所回报，则可以考虑避开薪酬，转而通过福利政策体现。比如，员工在企业服务到一定年限后，可以比其他员工多享受一定天数的年假；或者企业为员工颁发长期服务奖，奖励现金或实物均可。这种奖项属于一次性奖励范畴，不会像薪酬那样对企业长期人工成本带来压力。

晋升制度

根据我自己过往的工作经历,我发现美国公司和中国公司有一个比较大的差别:美国公司都有比较灵活的用人政策,简单来说就是人员可上可下。今天你适合更高一级的岗位,公司可以随时把你升上去;明天如果发现你的能力已经达不到这个岗位的要求了,而你的绩效又没有差到非要离开公司的地步,那就随时把你降级使用,薪水也随之减少。这样一来,企业用人的灵活性非常大。在不裁员的前提下,对薪酬成本的控制也更方便。我曾经服务过一家美资企业,常能看到某个副总裁被调任一个总监职位,或某个总监被调任一个高级经理职位。

反观国内的很多企业,缺乏这种能上能下的机制。通常是只能上不能下,仿佛降级是一件员工极其不能接受的事情。一旦员工在某个职位上不合适,不能平行移动到相对等的职位,那一般就只有被离职一条路走了。假如企业内部能形成员工能上能下的机制,企业未来在应对人员成本压力时也会更加游刃有余。

对于员工而言,尤其是那些老员工,在自己薪水越来越高、竞争力比年轻人越来越下降的情况下,有什么办法可以避免被公司裁员的悲剧呢?

当然,没有什么方法比让自己成为一名高绩效者更安全的办法了。资历越长的员工,越是应该以开放的心态来积极拥抱变化。很多老员工就是因为不适应甚至抗拒新变化,从而成为公司变革路上的绊脚石的。想办法在自己的岗位上不断更新自己的技能,努力跟上公司和行业的发展,让自己成为一个公司不可轻易或缺的人才,那么你被公司裁掉的风险就最低。

不要等到发现自己竞争力开始下降了才去想办法提高绩效,随时随地都要给自己危机感。从进入工作岗位的第一天就应该问问自己：这个岗位未来的发展趋势是什么？自己如何才能为公司创造出最大价值？假如自己今天离开公司，有哪些技能和经历是未来可以让自己继续受益的？

我认识一位朋友，之前在一家大公司做采购，和很多供应商建立了非常良好的合作关系。后来，该公司因全球战略调整，把采购部门转移到第三国，导致这位朋友的职位被裁减。离职后，他利用自己对大公司内部运作机制的熟悉度，加上平时工作中积累的丰富经验和人脉，转而为这些供应商做起了销售代理，把原来的东家变成了他现在的客户，业务做得风生水起，顺利实现了职场之路的峰回路转。

如何通过设计，让奖金分配更合理？

世界500强
人力资源总监
管理手记

大部分公司通过两种方式来设计奖金，我把第一种定义为目标奖金制，另一种定义为打包奖金制。

奖金分配永远是薪酬设计中最头疼的一个环节，似乎很难有办法可以把钱真正公平地分到位。前两天还听一个朋友抱怨在工作中遇到的怪事：做项目的时候不见人，发奖金的时候人来了，还问别人，为啥奖金没有自己的份。

在企业里，不同部门有不同的业务性质，人员和岗位性质也不一样。一年结束，有人贡献大，有人贡献小。此时，该如何论功行赏？年终奖金该怎么分？该以什么标准来划线？前天我在一个微信群里讨论薪酬设计时，也有一个朋友问了一个很普遍性的问题：在奖金设计中如何对不同业务的激励进行平衡和管理？

按照薪酬标准教材的定义：现金薪酬主要包括工资和激励；激励以1年期为界，又分为长期激励和短期激励；短期激励包括现金形式的年终奖、一次性奖金、销售奖金等，还包括非现金形式的口头鼓励、实物嘉奖、上级认可等。我们常说的奖金，比如年终奖，大部分属于短期激励里的一种绩效奖。为了方便起见，本文把所有的绩效奖统称为奖金。

大部分公司通过两种方式来设计奖金，我把第一种定义为目标奖金制，另一种定义为打包奖金制。

| 目标奖金制 |

目标奖金制的基本设计原理：每个岗位按照其固定薪酬（固定工资）乘以一个固定比例来计算目标奖金。

比如，某岗位固定工资为一年 10 万元，该岗位的目标奖金为工资的 20%，那么，目标奖金就是 2 万元。员工一旦任职这个岗位，就对自己的目标奖金比较清楚。他知道，如果自己当年干得不错，那么，到年底拿奖金的时候，有可能拿到 2 万元奖金甚至更高。

不过，这只是目标奖金，员工的个人实际奖金还和公司绩效、部门绩效和员工绩效相关。具体计算公式为：

奖金 = 目标奖金 × 公司绩效系数 × 个人绩效系数

公司在把奖金池按部门绩效分配到各个部门之后，再继续往下分配到每个员工头上。通常，决定员工最后奖金分配的流程有两步：第一步，按照部门奖金池和个人目标奖金，通过自动计算把一笔奖金分配给每个人；第二步，部门领导按照个人绩效系数来调节个人最终奖金，从低绩效员工身上拿走一部分奖金，把它转移到高绩效员工身上去。

举个案例，如表所示：

员工姓名	个人绩效	工资（元）	奖金%	公司绩效系数	目标奖金（元）	个人绩效系数	个人奖金（元）	最终奖金（元）
A	优秀	100,000	10%	120%	12,000	120%	14,400	16,000
B	良好	100,000	10%	120%	12,000	110%	13,200	14,000
C	合格	100,000	10%	120%	12,000	100%	12,000	12,000
D	差	100,000	10%	120%	12,000	60%	7,200	6,000
合计					48,000	合计		48,000

公司根据当年绩效结果计算，总奖金池为48000元。这笔奖金经过在不同绩效水平的员工之间重新分配后，最后总额依然为48000元不变。但是，在绩效高和绩效低的员工之间实现了再分配，强化了奖金的差异，对绩效好的员工起到了更好的激励作用。

假如公司还想在各部门之间也搞差异化，只需要在上述步骤中增加一个部门绩效系数即可。于是，最终个人奖金的计算公式就变成了：

奖金 = 目标奖金 × 公司绩效系数 × 部门绩效系数 × 个人绩效系数

| 打包奖金制 |

打包奖金制，简单来说，就是公司根据销售额或利润额提取一定比例，形成奖金包。奖金包分配到部门后，再按部门内部员工绩效贡献大小来进行分配。跟前面一种办法相比，员工并没有一个特定的目标奖金值，最终奖金所得多少，完全取决于公司和个人绩效。

前几天有一个朋友来访，他目前在一家投资公司任职。据他介绍，他们公司实行的就是一种打包奖金制。具体方式是：项目团队获得的项目利润，先按照一定比例a%上交公司；再按照团队人员费用扣除一定比例b%；最后剩下的部分c%，由团队领导根据团队内成员的绩效结果进行最终分配。

举个简单的例子：某公司当年实现利润5000万元，公司决定拿出当年利润的2%（100万元）来作为奖金池，按绩效达成率把奖金分配给4个独立的项目小组。其中，4个小组的当年绩效系数分别为80%、100%、110%和120%。那么，以第1项目组为例，分到的奖金总额为：100万 ×[80% /（80%+100%+110%+120%）]= 19.5万。之后，再把这 19.5 万作为小组的奖金池依次往下分配给员工。假设小组内部有 5 名员工，分配规则和分配结果如表所示：

员工姓名	个人绩效	分配比例	最终奖金（元）
A	优秀	50%	97,500
B	良好	30%	58,500
C	合格	15%	29,250
D	差	5%	9750
合计			195,500

两种方法的应用

两种设计机制互有利弊。

第一种方法偏保守一些，好处是：员工对自己的目标奖金比较清楚，有利于员工队伍的稳定，也有助于在公司内部推行公平性；坏处是：员工奖金的想象区间有限，在实现既定绩效目标后，员工对争取更高绩效目标缺乏激励性。

另外，对于希望推行强绩效文化的公司而言，这种设计机制也难以在不同绩效等级的员工之间加 w 大奖金收入的差异性。一般而言，这种机制更适合那些对外行业和增长稳定、对内强调跨部门协同的公司来使用。

第二种方法更激进一些，好处是：计算简单，奖金不受固定薪酬的约束，想象空间巨大，员工也更容易受到激励；坏处是：奖金数额上下起伏幅度很大，奖金高的时候还好说，低的时候就可能存在难以管理员工期望值的问题。

此外，在团队内部，由于加大了奖金的差异化，所以给团队管理带来更大挑战。一般而言，这种机制更适用于那些对外业绩起伏较大（比如初创型企业和高速增长型企业）、对内强调部门和团队单独核算的公司（比如项目型公司、猎头或投资性公司）来使用。

世界 500 强
人力资源总监
管理手记

如何逐级设计绩效奖金的公司、部门及个人系数？

绩效奖金系数是连接绩效考核与激励分配的重要桥梁。这个系数有两个用处：一方面是以量化的方式呈现当期绩效完成结果，另一方面则是实现公司将奖金池逐级分解到员工个人身上的目的。

在上篇文章谈了奖金设计的两大方法之后，一些朋友通过后台或微信来问道：文中提到的绩效奖金的公司、部门及个人系数该如何设定？

绩效奖金系数是连接绩效考核与激励分配的重要桥梁。这个系数有两个用处：一方面是以量化的方式呈现当期绩效完成结果，另一方面则是实现公司将奖金池逐级分解到员工个人身上的目的。

比如，在我工作的第一家公司，实行的就是目标奖金制，也就是每个人的奖金目标值相当于工资总额的一定比例。具体计算公式为：

实发奖金 = 工资总额 × 目标奖金比例 × 公司系数 × 部门系数 × 个人系数 × 时间系数

这种设计也是在很多公司里常见的。上述公式里的时间系数好理解，它相当于员工当年的有效在职时间比例。那么，其他三个系数又是如何确定的呢？

| 公司奖金系数 |

公司奖金系数的设计一般有三个办法。

一、目标完成率法

这是最简单的一种方法，直接按当年公司绩效目标完成比例来取奖金系数。比如，既定绩效目标完成了100%，奖金系数就是100%；目标完成了80%，奖金系数就是80%。

通常企业的总绩效目标里包括了好几项KPI，只要把各KPI的完成率相加，即可得到整个公司的完成率。举例如下：

考核指标（KPI）	目标完成率	权重	加权系数
利润额	110%	50%	55%
主营业务成本	80%	25%	20%
资产收益比	120%	25%	30%
合计		100%	105%

在本案例中，该公司分别有三项KPI：利润额、主营业务成本和资产收益比，当期各自的完成率分别为110%、80%和120%。三项KPI在公司总绩效中的权重分别为50%、25%和25%。加权后得到公司最后的总绩效完成率为105%，这就可以作为整个企业的当期奖金系数。

在本设计方法中，绩效完成率与奖金系数呈简单的线性关系，如下图：

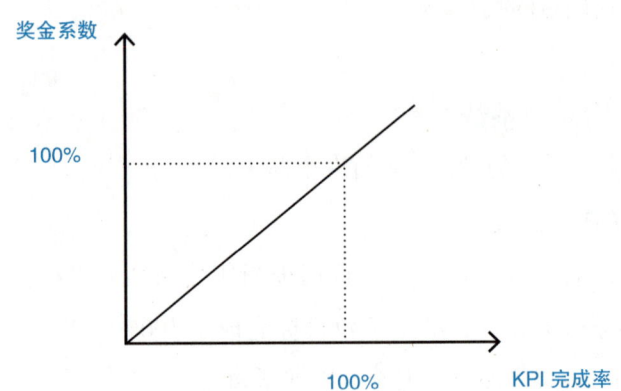

二、分段法

上述的直线法设置起来虽然很简单，但是可能会遇到一个现实问题：通常，KPI 的完成率越大，完成的难度系数也越大。如果设置单纯的线性关系，可能无法正确反映员工为完成目标所付出的实际努力，对应到奖金系数上，甚至可能会对员工的积极性起到挫伤作用。

所以，在分段法的设计中，随着目标的变化，会不断地调整相对应的奖金系数。举例图示如下：

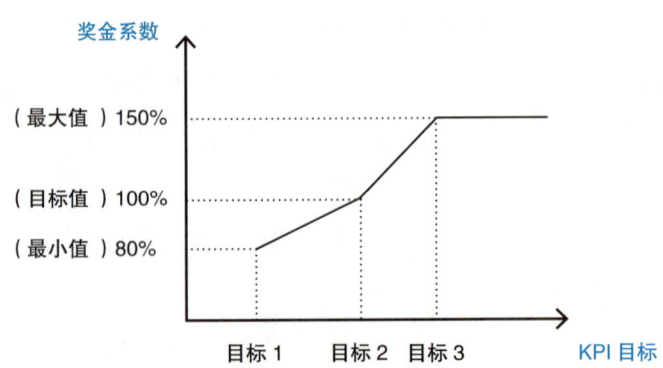

三、阶梯法

阶梯法与上述分段法类似，也是设置不同的 KPI 目标区间。不过，所对应的奖金系数，会按照一定阶梯状逐级上升。具体示例如下图：

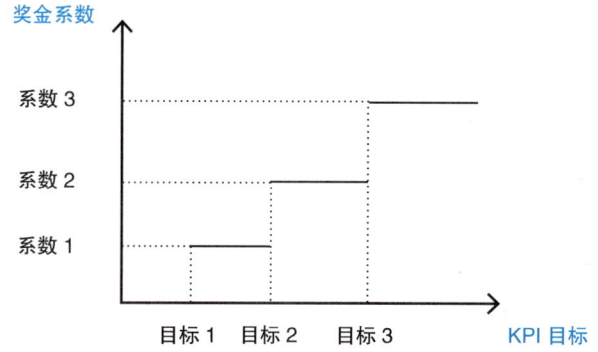

| 部门奖金系数 |

公司的奖金系数可以决定公司当期的总奖金池有多大。同样的，部门的奖金系数决定了部门奖金池的大小。按照目标奖金制的设计，部门奖金池相当于部门总薪资的某个比例，用部门工资总额乘以该比例就可以得出。

但是，采用打包奖金制设计的部门，计算部门奖金池规模时就得多一个步骤：具体思路是先根据部门总工资和部门当期绩效得分，两者相乘得到一个系数，然后再计算该系数在公司总奖金池中所对应的比例，得出来的就是该部门所对应的奖金系数。如下表所示：

	总薪资（元）	绩效系数	相乘（元）	奖金系数
部门1	100,000	120%	120,000	35.1%
部门2	150,000	60%	90,000	26.3%
部门3	120,000	110%	132,000	38.6%
合计			342,000	100%

在上述案例中，公司三个部门的薪资总额分别是10万元、15万元和12万元，三个部门当期的绩效完成率或绩效系数分别为120%、60%和110%。假如现在这三个部门全部瓜分公司的奖金池，

则各自分别从奖金池中获得的奖金比例为：35.1%、26.3% 和 38.6%。

| 个人奖金分配系数 |

一旦部门的奖金池确定，假如部门内成员每人都有有效的绩效考核结果，那么，按照绩效结果合并归类就可以很快确定每人的奖金系数。具体结果如下表：

	绩效等级	奖金比例
员工 1	优秀	30%
员工 2	优秀	30%
员工 3	良好	20%
员工 4	合格	15%
员工 5	差	5%
合计		100%

在某些公司，按照团队绩效完成的好坏，还会在团队内部要求不同的员工绩效等级分布，这也会相应地影响员工最终的奖金系数。比如，前两天我就看到一位朋友所在公司是这样按照团队绩效来分布员工绩效的：

团队成员排序比例 \ 团队考核等级	A	B	C	D	E
A	15%	10%	5%	5%	5%
B	25%	20%	20%	15%	10%
C	45%	50%	50%	50%	45%
D	10%	15%	20%	20%	25%
E	5%	5%	5%	10%	15%

HR 如何从零开始实施年底调薪（1）
——调薪依据

薪酬管理篇

> 在向老板建议调薪之前，HR 自己需要先算一笔账，计算一下调薪将会对企业未来的经营状况带来怎样的影响。此外，这种计算还需要放到一个长远的角度下来看，以我当时做薪酬设计的经历来看，每次我们做调薪方案时，都要预估未来 3~5 年对企业整体薪酬成本的影响。

每年年终，年度调薪都是 HR 们面临的一件大事。

之前我在一家公司的全球薪酬总部工作过两年，每年到时都开始忙着为全球各业务部门制订和下发年度调薪指导原则。为了帮助 HR 们更有效地掌握好年度调薪，接下来我计划用三篇文章、用最简单的语言把年度调薪这件事讲清楚。

在准备年度调薪（很多欧美公司把年度调薪叫做 Merit Increase，也叫绩效调薪）之前，HR 首先需要回答老板们最关心的问题：企业为什么要调薪？接下来才是应该调多少的问题。

调薪依据来源于对企业的内部和外部两方面因素的分析，先看内部因素。

| 企业业务战略 |

企业的业务战略决定了薪酬策略。根据企业自身发展所处的不同阶段，企业的薪酬战略可以分为三种：

1. 市场滞后型。企业处于创业期或起步发展期，现金流不够充裕，需要紧盯着市场上的领先企业来决定自身的薪酬水平。

2. 市场领先型。企业处于快速增长期或成熟期，现金流充裕，需要以市场上最有竞争力的薪酬水平来吸引和挽留员工。

3. 混合型。企业根据自身实际使用不同的薪酬策略，比如，在底薪部分使用市场领先策略，在浮动奖金部分使用市场滞后策略。

只有搞清楚了企业业务战略，你才能更好地把握企业是否应该实施年度调薪这个问题。

比如，如果你所在的企业正处于业务快速增长时期，迫切需要以优厚的薪酬政策来吸引人才的加盟。假如你无法按时实施年度调薪，那么，在当今竞争激烈的市场环境下，企业的薪酬竞争力将大打折扣，吸引最优秀员工加盟也将成为不可能的事情。

企业成本和效益

所有的业务战略说白了就是为了一个终极目标，所有的老板也只关心这一个问题：如何增加企业利润？而实现这个终极目标的所有手段归纳起来无非有两种：增加收入或降低成本。

员工薪酬是企业运营成本的一部分，年度调薪直接影响着企业来年的利润额。按照我国现行的劳动法，员工薪水一旦调上去了，将来再降下来可是很困难的一件事。

基本工资的增长除了带来员工工资成本的上升，还会带来附加的以基本工资为基数计算的其他薪酬和福利成本的增加，比如年度奖金和保险。因此，除了考虑薪资成本，还需要考虑企业综合成本的增加因素。

通常，只有在企业效益良好、能够赚钱的时候，老板才会同意年度调薪；假如企业处于亏损期，正常情况下根本不会有老板提出调薪这个想法，能不裁员就已经不错了。

因此，在向老板建议调薪之前，HR自己需要先算一笔账，计算一下调薪将会对企业未来的经营状况带来怎样的影响。此外，这种计算还需要放到一个长远的角度来看，以我当时做薪酬设计的经历来看，每次我们做调薪方案时，都要预估未来3~5年对企业整体薪酬成本的影响。

企业整体薪酬战略

很多公司实施了全面薪酬战略。所谓全面薪酬，就是说员工从企业得到的不光是到手的工资这一部分收入，还包括短期激励（奖金）、长期激励（股票、期权）、福利（社保、年金）和培训发展机会等各种现金和非现金形式的薪酬工具。

虽然年度调薪调的是员工工资这部分，但HR需要把年度调薪放到整体的薪酬战略下来考虑。比如，企业未来准备实施一项新的员工福利政策，会带来一定的员工人工成本的上升，在总体人工成本预算恒定的前提下，年度调薪的预算将会一定程度地缩水。

比如，我之前工作的一家公司，在某年决定改革公司的奖金政策，拟逐年提高员工奖金在整体薪酬中所占比例，直到达到市场上有竞争力的奖金水平标准，同时让员工的工资＋奖金总体保持在市场60分位的水平。另一方面，公司从整体财务角度考虑，能够允许的员工人力成本的增长预算是固定的。这样，势必就影响了工资部分预算的增长。

最后的方案：奖金比例在5年内逐年提高，但是工资增长速度显著放缓，其中在实施改革的第一年还冻结了薪水增长。

除了上述内部因素之外，调薪还要考虑下列外部因素。

当地经济发展水平

任何一个市场区域的涨薪幅度都与当地经济发展水平紧密相关。在过去20多年里，中国经济高速发展，GDP一直在高位运转，因此，中国企业的员工们也习惯了每年以两位数的比例增长工资。

但是，从2013年开始，中国的GDP增长速度逐年下降，相应地，薪酬市场的增长也开始减缓，其结果就是：很多企业的整体年度调薪比例下降到5%~6%的区间，除此以外，还有大量企业在过去一年或几年中冻结了本企业的年度涨薪计划。

印度在过去三年中的GDP平均增长超过了中国，经济发展水平颇像当年的中国一样正在高速增长。因此，最近几年印度的薪酬增长平均水平达到了10%以上也就不足为奇了。

市场同行的薪酬增长

市场因素可能是所有影响调薪的外部因素中最重要的一个。假如你所在行业的竞争对手们明年都纷纷涨薪，而你按兵不动或者涨薪比例远低于市场，在没有其他的薪酬措施改革的前提下，这样做可能带来两个后果。

1. 一年之后你和竞争对手的薪酬水平差异拉大。
2. 你将变得难以吸引市场优秀人才，保留企业自己的优秀人才的难度也会加大。

这也是很多企业不惜花大价钱购买市场薪酬报告的原因。薪酬管理中有一个很重要的概念叫市场定价，也就是岗位薪酬水平和年度薪酬涨幅都参照市场制订，薪酬报告对市场定价提供了重要的依据。

最后，还有一个容易被很多HR忽略的问题：很多人读薪酬报告上的年度调薪信息，往往只关心各公司、行业的调薪幅度是多少。实际上，很多薪酬报告的前半部分，还会给出有多少比例的公司会涨薪、多少公司不会涨薪的比例。

比如，下图的薪酬报告中展示了不同行业的涨薪和不涨薪（冻薪）比例：

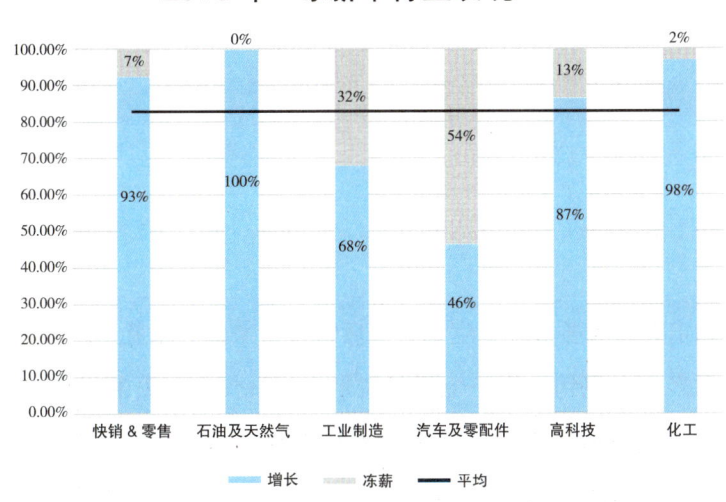

根据这份报告，汽车及零配件行业2016年不涨薪比例高达54%，而石油及天然气行业则100%涨薪。因此，在制订年度调薪之前，你需要先关心一下如下问题：你所在的行业到底未来一年的整体涨薪态势如何？有多少准备涨薪？有多少准备不涨？那些不涨薪企业的理由是什么？你所在的企业会不会属于此类？等等。

做好了调薪依据的分析，接下来你就可以有的放矢地选择市场薪酬报告来制订本企业的调薪政策了。

HR 如何从零开始实施年底调薪（2）
——数据选取

世界 500 强
人力资源总监
管理手记

> 调薪比例并不是拍脑门出来的，一定要有严格的数据和事实支持。换句话说，你的每一个数据都是理由充足的。

确定好是否要实施年度调薪之后，接下来的问题就是调多少。

大多数人想到的第一个问题就是去找一份市场薪酬报告，从中查未来一年的市场调薪比例预测，然后以此作为本企业调薪的依据。

话说现在市面上的调薪报告鱼龙混杂，免费的、收费的都很多。我现在看了看自己通过各 HR 微信群免费收到的 2016 薪酬报告，就不下 5 份。光手机里保存的就有：《MichaelPage 2016 年大中华区薪资与就业展望》《HAYS 2016 亚洲薪酬指南报告》《2016FESCO 中国薪酬白皮书》《2016 光辉合益薪酬调研及员工效能报告》。市场薪酬报告这么多，到底哪一份才是适合自己的呢？

一般而言，企业有三种方法来获取市场薪酬数据。

｜ 购买第三方薪酬报告 ｜

这也是最常用的办法。通过购买市场上知名的薪酬调研第三方公司的报告，可以比较全面地掌握所在行业和区域的整体薪资情况。比如，在华的很多外资企业都会购买世界知名大咨询公司的报告，我之前所在公司就会每年固定使用美世公司（Mercer）的报告。

通过咨询公司定制薪酬报告

有时候，对一个企业而言，可能更关心的是和自己有人才竞争关系的本行业或者本地区几家同行的薪资情况。因为第三方咨询公司拥有接触各家企业的便利条件，所以，可以通过第三方来为自己订制薪酬报告。当然，这样做的成本可能会比第一种高出不少。

接到薪酬报告定制申请之后，第三方咨询通常会定向邀请客户指定的行业和公司，小规模地开展一次薪酬调研，调研题目不限，可以包括年度调薪比例、重点岗位薪资情况，也可能包括员工福利待遇等。

比如，我之前在一家外资半导体公司工作，每年我们的薪酬调研第三方咨询公司就会定向邀请几家主要半导体公司的薪酬主管，来参加年度调研；又比如，我现在所在的汽车行业，每年定期也有第三方咨询公司应某客户要求，来定向邀请参加员工购车和用车福利的调研。当然，参加这样调研的好处就是，你可以免费或以优惠的价格获得最终的调研报告。

定制薪酬报告的数据更有针对性，对企业来说可靠性更高。不过，使用这类数据时也要小心，因为你想吸引的人才可能来自行业外，而你的人才也有可能流失到其他行业。如果只用定制报告，你就无法看到你所在行业以外的市场数据情况。

通过招聘来了解和验证市场数据

前两种办法可以作为企业收集外部薪酬数据的主渠道，第三种办法可作为辅助手段配合使用，用来核实前面两种途径得到的薪酬数据。

招聘人员在面试每一个前来公司的候选人时，都可以利用好这个难得的机会，详细了解对方公司的工资、奖金和福利等情况，然后用这个数据反过来去印证前面两种途径得到的数据有效性。

这里就会遇到一个问题：市场上各种免费的薪酬报告有很多，能不能使用这些报告中的数据呢？最简单的一个回答：可以，但是务必小心使用。

以 2017 年的年度调薪预测比例来看，我手上 5 份不同的报告就给出了 5 个不同答案，分别是：6%～10%、6%、6.8%、7% 和 6.9%。到底哪个数据才是你的企业应该参考的呢？

我以前在做薪酬测算时，我的老板都会一再强调，调薪比例并不是拍脑门出来的，一定要有严格的数据和事实支持。换句话说，你的每一个数据都是理由充足的。

你不能随便从市场上拿来一份报告说，因为市场上是这个数字，所以我们企业也要考虑调薪 ××%。这种做事方式，只会被老板严重质疑的。

具体来说，选市场薪酬报告，我一般会看以下几个因素：

一、公司背景

世界知名大薪酬调研公司的数据可靠性往往是最高的，比如美世、怡安翰威特和海氏等，我就曾经多次参与过这些公司的薪酬调研。

一般来说，他们的调研态度还是很严谨的：在调研之前，他们会向每家参加调研的客户发出详细问卷，包括公司营业额、人员规模、分布地区、岗位设置等。

以岗位设置为例，这些公司通常提前还会组织专门的岗位匹配会议，邀请参会客户的 HR 坐下来，面对面地将本公司岗位与调研岗位一一匹配，匹配不上的，则薪酬数据不予采纳。

在企业调研问卷完成之后，他们通常还会把数据认真核实，有不清楚的会专门给 HR 打来电话核实。反复核实之后，才会允许数据进入公司的调研数据库。

相比之下，我见过的其他很多所谓薪酬调研机构，一般就把调查问卷直接发过来让你填数据，然后就能出调研报告了，也不知道后台有没有人来核实参加调研的公司报送的数据真伪情况。

二、数据库规模

数据库中包含的数据样本越大，获得的调研数据就越有市场代表性。

三、调研参加公司的行业分布

如果调研公司的行业过于集中在某个或几个行业，最终调研数据就会明显倾向该行业。如果你想了解全行业的调薪比例，就最好选那些各个行业都相对平均分布的报告。

四、历年数据对比

这一点是往往容易被忽略的。假如你决定使用某个报告，你最好把它过去几年的版本都要来看看，确保历年数据的一致性。

很多人嫌麻烦，只看当年的薪酬数据，殊不知这样做有可能落入一些质量低劣的薪酬报告的陷阱。有时候，哪怕著名咨询公司的薪酬报告，本着严谨的原则，也有必要审核一下之前的历史数据。

记得当时在做薪酬时，我有一次为了做台湾地区某个岗位的薪酬分析，找来的第三方薪酬机构当中有一家著名咨询公司在台湾的分支机构。就在我踌躇满志准备使用该机构的数据时，老板提醒我，因为这是第一次使用该公司在台湾地区的数据，最好把他们的过去两年同类数据调来看看是否一致。

结果和历史数据对比下来很意外，有几个职位在某年的薪资水平莫名其妙地高得很离谱，之后又归于正常。于是，我直接把电话打到台湾，找这家公司的调研负责人了解背后原因，对方支支吾吾了半天没有解释清楚。最后，老板果断放弃使用这份报告，因为他认为编制该报告的人的工作态度不够严谨。

这件事也给我深刻地上了一课：正所谓薪酬无小事，你必须本着严谨的态度，对于使用的任何外部数据，都应该做到理由充足。

最后，在保证了数据来源可靠性之后，你就可以选取你准备使用的薪酬报告了。报告的数量不用多，一般三四份即可。

可是，每份报告的数据可能都不一样，那么具体你该使用哪个数据呢？一个很简单的办法就是：把你选取的报告分别赋予权重，然后按权重计算出最终结果。

还以上面提到的薪酬报告为例，假如你经过充分考虑后，决定使用其中的三份报告，其中它们对明年的年度调薪预测分别为6%、7%和6.9%，而你根据自己的判断，对它们各自的可靠性权重分配分别为40%、30%和30%，把按权重计算的结果相加，最终得到：

$$6\% \times 40\% + 7\% \times 30\% + 6.9\% \times 30\% = 6.57\%$$

这样，你就可以认为6.57%是一个可靠的外部市场参考值，然后你就可以信心满满地拿这个结果去向老板汇报了。

同理，如果不是年度调薪，而是评估企业某个岗位的市场薪资水平，上述方法同样适用。

接下来的第三篇文章将讨论企业调薪的最后一步，如何把调薪预算分解到各部门，并最终公平、合理地落实到每个员工身上。

HR 如何从零开始实施年底调薪（3）
——预算管理

一般来说，每名员工的调薪比例会受两个因素的影响。绩效结果：绩效结果越好，调薪比例越高；薪资水平：同等绩效条件下，现有薪资水平越低，调薪比例越高。

确定完年度调薪比例之后，即进入调薪预算分配阶段。

调薪预算金额就是现有年度工资总额乘以调薪比例。比如，企业当前年度员工工资总额为 1000 万元，明年调薪比例确定为 6%，则明年的调薪预算为：

$$1000 \text{ 万元} \times 6\% = 60 \text{ 万元}$$

很多人会把这 6% 理解为下一年每名员工都能获得 6% 的工资增长。这是一个极大的误会，假如 HR 不能在薪酬沟通中把这个问题向员工和经理解释清楚，将会对后续的人才管理工作带来极大麻烦。

这里要注意几个问题：

第一，调薪包括绩效调薪和晋升调薪。通常整体调薪预算包括了这两部分调薪。基于此，需要从整体预算中拿出一小部分比例作为晋升调薪。

第二，绩效调薪部分最好不要一次用完。因为从本次调薪到下次调薪之间的一年时间，还可能发生各种各样常规调薪以外的情况，比如员工挽留、薪酬微调等，所以尽量留出一小部分作为二次调整之用。

第三，二次调薪因为预算金额极小，所以必须严格限定只适用于少数重点员工。比如公司需要重点奖励的和挽留的员工，或者上次调薪之后薪资水平仍然严重偏低的员工。二次调薪务必向员工和经理沟通清楚，否则大家会把它当作普调一样对待。

因此，很多企业在一年之中有两次绩效调薪的安排，第一次和第二次之间一般相隔6个月；第一次用大部分调薪预算做全员普调，第二次用余下的预算做少量人员的调薪。

比如企业当年整体调薪预算比例为6%，则可以做如下分配：

4.5%：年初全员绩效调薪比例。

0.5%：全年员工晋升调薪。

1%：六个月之后的重点人员绩效调薪。

接下来需要设计调薪矩阵，也就是根据员工各个绩效结果级别和现有薪资水平，确定员工调薪幅度的指导原则。

一般来说，每名员工的调薪比例会受两个因素的影响。绩效结果：绩效结果越好，调薪比例越高；薪资水平：同等绩效条件下，现有薪资水平越低，调薪比例越高。

很多公司会在薪酬管理中使用一个很重要的概念，叫Compa Ratio（薪资均衡比例，也简称CR）。CR值等于员工实际薪资水平除以该级别薪资中位值得到的结果。

比如，某员工的工资为12000元，在公司薪酬架构中，该员工所在级别的薪资中位值为10000元，则该员工的CR值为：12000/10000=1.2；相反，如果该员工现有工资为9000元，则他的CR值为0.9。

CR值意味着什么呢？

它可以清楚地表示员工现有薪资水平在公司薪资架构中的位置。一般地，CR 值的合理区间通常应该落在 0.8~1.2，某些实行宽幅薪酬制度的企业可能会允许在 0.7~1.3。

一般 CR 大于 1.2 可以视为员工薪资过于偏高，需要在未来调薪中谨慎处理；CR 小于 0.8，可以视为员工薪资过于偏低，需要在未来调薪中优先调整。

一旦有了每个人的绩效结果，再加上每个人的 CR 值，就可以根据现有预算的调薪比例，测算出每个人的合理调薪比例。

例如，下表是某公司在某年设计的调薪矩阵，英文字母为绩效等级，A 为绩效最佳，其中的百分比就是每名员工根据自己的绩效结果和 CR 值所对应的调薪比例：

	<0.8	0.8–0.9	0.9–1.0	1.0–1.1	1.1–1.2	>=1.2
A	11%	11%	10%	8%	7%	4%
B	10%	9%	8%	7%	6%	4%
C	8%	7%	6%	5%	4%	3%
D	2%	0%	0%	0%	0%	0%
E	0%	0%	0%	0%	0%	0%

调薪矩阵确定之后，公司便可以把调薪预算按部门、团队下放，由各部门和团队按照调薪矩阵的指导比例，依次给每个员工调薪。

这里需要注意的是，在实际操作中最好由公司最高管理层统一掌握一小部分比例，而不是把预算全部下放给部门。

因为，自下而上的调薪需求永远都会超出原来预算的。这个时候，就需要由一部分预算放到全公司层面，由公司 HR 或 CEO 在全公司范围内统一调配，以弥补部门未能满足的调薪缺口。

还用上面那个案例，可以把预算进一步细分。

4.5%：年初全员绩效调薪比例（其中，部门预算 4.0%，CEO 掌握预算 0.5%）。

0.5%：全年员工晋升调薪。

1%：六个月之后的重点人员绩效调薪。

团队或部门调薪完成之后，还有最后一步：校准会议。调薪是一个自下而上的过程，团队调薪完成之后，要上升到部门层面由部门负责人做校准；部门调薪完成之后，要最后上升到公司层面做校准，公司 CEO 和 HR 召集各部门负责人开校准会议。

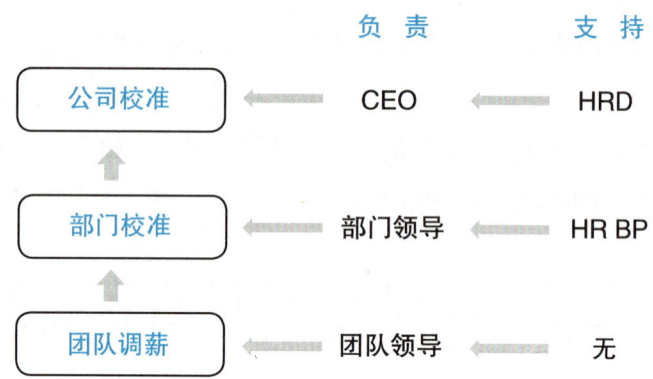

校准目的在于确保各团队、部门在调薪过程中都遵守公平、公正的原则，避免出现严重违背调薪矩阵中确定的调薪原则现象。

对于最后的公司校准会议，假如公司员工人数过多，无法在校准会议上挨个审核每一名员工的调薪比例，我的经验是：抓住首尾、忽略中间。换句话说，重点看最高和最低的那批人，找出这些调薪背后的逻辑和理由是什么。至于大部分落到正常调薪区间的员工，就没有必要去一个一个看了。

校准会议结束后，每名员工的年度调薪比例一旦确定，年度绩效调薪即告结束。

标杆学习篇

近距离接触硅谷互联网公司
——HR 赢在哪儿？

对于互联网公司而言，人才是企业真正的核心资产。把优秀的人招募进来，把庸人挡在门外，都对公司的发展至关重要。当然优秀的产品和公司的发展潜力是吸引优秀人才的基本前提，否则再好的招聘流程也无济于事。

笔者身在硅谷，常常被问到的问题是：像 Facebook、Google、LinkedIn、Twitter 等优秀的互联网公司，他们的人才战略和实践是如何影响企业文化和业务发展的？相对于其他传统的 HR 部门，这些公司的 HR 如何赢在起跑线上？

借着一些正式的项目合作和非正式的交流机会，我研究了其中一些公司，这里和大家分享一下他们 HR 的一些独特的、值得借鉴的地方。分享之前，我总结了他们运用的几条指导原则和基本理念：

1. 快乐的员工意味着快乐的客户——正确地对待员工会带来巨大的商业价值。

2. 时间是不可替代的资源——替员工节省时间就是替公司挣钱。

3. 人才战略和企业文化需要 CEO 及领导班子的参与甚至主导，而不仅仅是 HR 部门的事情。

4. 人才决策用数据说话——不管是大数据还是小数据，能用数

本文作者王曼

据讲故事的 HR 才能展现价值。

5. 用高薪酬福利来回报优秀的人才——只讲情怀的时代已经过去了。

| HR 的科学性和艺术性 |

HR 和其他职能部门相比的特殊性在于它需要将科学性和艺术性完美结合。科学性指的是人才决策基于数据和让人信服的 ROI 商业论证的支持。ERP 和 SaaS 系统以及大数据的运用为人力分析和规划奠定了基础。越来越多的公司开始量化 HR 的价值，让 HR 的实践和企业的成本、营收直接挂钩。

艺术性指的是以组织行为学和社会心理学为基础，运用设计思维来塑造员工体验，打造良好的雇主品牌。因为说到底，HR 的工作就是和人打交道的工作，往往直指人心。缺乏科学性，HR 将沦为一个事务性的部门，无法展现其商业价值。缺乏艺术性，HR 将无法洞察人心，做出正确的人才决策。

比如 Google 的 HR 部门（内部叫 People Operations 或 POPS）相对于传统的 HR 部门更像是一个科学实验室，其核心是以成熟的人才数据分析为基础。这些数据涵盖了员工的方方面面，从薪酬福利到员工敬业度再到食堂队伍的长度。Google 运用这些数据来指导人才决策，有理有据，让每一分钱都不乱花，而该花钱的时候绝不手软。

最近几年，Google 甚至招募了一些社会学家来加入其人力创新实验室，对员工进行一系列实验，研究如何更好地管理公司。比如面试有几轮最合理（投入产出最大化）？应该以 HR 经理的意见为主还是所有面试官共同投票做招聘决定最符合公司利益？成功的中层管理者是不是有一些共同的技能，能不能将这些技能传授给不成功的管理者？管理者有必要存在吗？公司能不能在没有管理者的情况下良好运营？如何加薪能让员工更高兴，加底薪、奖金、股票、职级或是带薪假期？等等。由此可见，Google 的 HR 决策可谓科学性和艺术性相结合，绝不是领导层拍拍脑袋想出来的。

| 企业文化 |

企业文化可以说是硅谷互联网公司最为人称道的一个方面。用几个关键词总结一下就是：平等、尊重、信任、合作、敏捷、透明和乐趣。这些文化深深植根于 CEO 及其领导班子的 DNA 里，从创业初期就延续下来，影响着每一个员工和每一个决策。

我一向认为企业文化不是一个 HR 命题，HR 可以对文化进行传承和发展，但文化的塑造取决于 CEO 及每一位领导者的风格和行为。

提到企业文化就不得不提到 Netflix（虽然总部不在硅谷）这家颠覆了 HR 理念的公司。Netflix 文化的核心是把员工当成人看待，而不是像未成年人一样管着。这也就意味着像成人一样思考和交流，永远把公司利益放在首位，遇到问题开诚布公地解决。

比如 Netflix 的休假政策是挣薪金的员工（非小时工），只要他们认为合理，一般想休多长时间就可以休多长时间，没有年度上限，只要和上级商量好即可。而财务报销政策只有一句话——"以公司的利益为先"。这种理念就是一种成人的思维模式。面对公司的信任，绝大多数员工也会报以诚实的行为和负责任的态度。同时，公司只招聘最优秀的"成人"并给予最优厚的薪酬福利，而对"未成年人"或业绩落后分子会毫不留情地剔除掉。这种精英文化大大提高了公司业绩，降低了管理的成本。

Twitter 的 HR 花了大量的时间和精力对管理人员进行领导力的培训，来更好地维护公司文化——真诚、透明和可达性。正因如此，即使 Twitter 成为了一个领先的互联网公司，它仍然保持着初创企业的勃勃生机。

Facebook 信奉的是公开化，因为它认为了解情况的人能做出更好的决策和产生更大的影响力。所以管理层做出了很多努力让所有人都能最大限度地接触到公司信息。这种方式增强了管理层和员工之间的信任，让员工无论是顺境还是逆境都愿意和公司共进退。

另外，Facebook 和许多其他的高科技公司一样，采取开放式办公的设计，来增强公开化、创新和合作精神。开放式办公意味着没有传统的办公室和隔间，取而代之的是办公桌，这样大家都能轻易地看到彼此，促进了员工间的交流。

| 雇主品牌和招聘 |

招聘是展示雇主品牌的窗口，透过这扇窗，候选人可以了解企业文化、价值观、工作性质和领导者风格等，确定双方的匹配度。同时候选人的口口相传，更进一步地宣传了公司的品牌，从而吸引更多的人才。

对于互联网公司而言，人才是企业真正的核心资产。把优秀的人招募进来，把庸人挡在门外，对公司的发展至关重要。当然优秀的产品和公司的发展潜力是吸引优秀人才的基本前提，否则再好的招聘流程也无济于事。

Facebook 有自己独特的一套招聘方法：

首先，CEO Mark Zuckerberg 扮演着首席招聘官的角色，定期为公司做宣传演讲并亲自去各个学校和学生交流，为公司招募有潜力的人才。很多公司的 HR 应该会非常羡慕 Facebook 有这么好的招聘大使。

其次，公司在员工推荐方面投入也很多，比如为了搜集候选人姓名，招聘人员会召集一群工程师，让他们想想在所有的朋友里面哪些人可能会是好的候选人，这个方法被内部人称为"忍者搜寻"（优秀的工程师被称为忍者）。

第三，和其他某些互联网公司一样，Facebook 也热衷于用网络比赛在世界范围内挖掘隐藏的优秀技术人才。因为这些比赛最初是不记名的，所以候选人纯粹是由于他们的才能被选中，而不是由于他们的年龄、资历、国家和教育背景等。

最后，收购招聘（Acqui-Hiring）也是Facebook较为独特的招募人才的方式，也就是通过并购一个公司（通常是小公司）来达到收购其人才团队（而并非产品或服务）的目的。

Google的招聘模式也是有口皆碑的。在其初创时期，Google的面试流程以冗长而闻名——候选人要通过公司几乎所有人的面试，因为领导层认为选择人才对公司来说意味着一切。但是招聘部门质疑了这一点。他们做了一个基于数据的研究，发现最优的面试次数（也就是基于这个次数的平均面试分数和最终的面试分数趋于一致）是4，也就是说4个面试之后，投入产出就下降了。这个结果说服了领导层大幅度加快了面试流程，在不影响结果的前提下改善了公司的声誉。这也再一次证明了Google以数据说话的理念。

另外，Google认为大多数的公司把招聘搞砸了是因为让候选人的HR经理做最终决定。问题在于候选人进入公司之后可能只是最初的几个月或是几年汇报给这个HR经理，由他或她做决定风险太大。所以Google的方法是由一个临时组成的招聘委员会共同决定，HR经理虽然没有批准候选人的权力，但是有一票否决权（即如果招聘委员决定给候选人发offer，HR经理可以一票否决把候选人拒之门外）。这个方法保证了招聘的质量，最大可能地选择了能与公司一起长期成长的候选人。

| 薪酬福利 |

毫无疑问，优厚的薪酬福利为优秀的硅谷互联网公司吸引了大量的人才。没有谁比这些公司在提高员工幸福指数上做得更好了。他们信奉的原则就是：快乐和健康的员工能提高利润，因为他们产能更高。对于年轻的工程师来说，这些公司比传统公司在薪酬福利方面更人性化，更有吸引力。

从薪酬的角度，这些硅谷互联网公司不仅提供有价值的股票，而且底薪也非常诱人。根据 Google 的研究显示，在薪资调整的时候，相比奖金和其他薪酬方式，员工更加偏好底薪的增加，因为底薪意味着长期的稳定性。

因此 Google 决定每年大幅度增加员工的底薪以留住人才。Facebook 的薪酬根据员工的业绩表现差异化明显。有顶级表现和一般表现的员工获得的薪酬回报，可能会有三倍的差距之多。

从福利的角度，这些公司提供的福利大同小异，都非常人性化。例如聘请大厨提供免费可口的食物（一点不夸张，真的是超级好吃）、宽松的休假制度、配备 wifi 的免费班车、公司楼里的健身房和娱乐设施、工作场所配备的免费医疗和儿童照管服务、优越的产假制度和健康计划，等等。

对于公司而言，这些福利的回报往往大于成本。公司为员工创造了一个绝佳的工作环境，为他们解决了许多生活上的后顾之忧，节省了大量的时间，也就意味着员工会更加投入地工作，为公司创造更多价值。

综上所述，硅谷互联网公司的 HR 实践有许多值得借鉴的地方。无论是独角兽公司，还是已经上规模的成功企业，都在人才观上做出了深度的思考和大胆的创新。当然，他们的模式不一定适用于每个公司。我们应该结合公司的具体情况和需求作出自己的思考和判断，才能走得更长远。

让我印象深刻的两场组织发展分享

众所周知，故事的力量远胜于干巴巴的文化宣讲。该公司通过先培训每位员工讲故事的能力，然后让他们以故事作为载体，把公司期望的文化和价值观充分展现出来。

曾经参加 HR 智享会主办的组织发展年会，有两场嘉宾分享给我印象深刻。

| 塑造优秀的企业文化 |

某美资互联网公司的组织发展总监分享了该公司重塑优秀企业文化的历程。

该公司起源于硅谷，是美国最早成立也是最有影响力的一批互联网公司之一。但是，随着新兴互联网公司的崛起，该公司对互联网人才的吸引力逐渐让位于那些行业的后起之秀。

尤其是在过去几年里，公司发现其员工流入和流出呈现出一种趋势：流入员工大都来自传统的高科技 IT 企业，如惠普和 IBM；另一方面，流出的员工大都去了新兴互联网公司，如 Facebook 和谷歌等。

因此，公司领导层决心重塑企业文化，重建在行业内的影响力。在该公司企业文化转型的操作中，运用了很多我们所熟知的手法，比如领导者牵头、员工调研、管理者采访等，这里不再一一赘述。

特别吸引我的，是该公司在推行文化转型中实施的一个项目：模仿"中国好声音"的设计，搞了一个自己的"企业好故事"项目，让员工以比赛讲故事的形式，讲出自己对企业文化的理解。

众所周知，故事的力量远胜于干巴巴的文化宣讲。该公司通过先培训每位员工讲故事的能力，然后让他们以故事作为载体，把公司期望的文化和价值观充分展现出来。

在项目具体设计中，像"中国好声音"一样，也设立了由公司领导者扮演的"好故事"梦想导师和明星导师，员工则需要加入各个导师战队。在比赛中，所有员工依次登台亮相，分享自己的故事。然后，全体观众参与点评，讲故事者本人还要大力为自己拉票。一场活动下来，结果出乎意料。

作为职场人，经验告诉我们，工作要保持理性。然而，现实却是人们更容易被感性的故事所感动。通过讲故事，不但让每一个人更深刻地理解了公司文化和价值观，而且在故事分享过程中，每一位分享者也让别人了解到了自己不为人所知的另一面，从而在人与人之间建立起了更牢固的情感连接，为日后的团队协作打下坚实基础。

比如，通过故事分享，大家了解到一位平时"拼命三郎"的经理，因为长期两地分居，不得不每个周末奔波于工作和家庭所在的两座城市之间。感慨这位经理生活不易的同时，大家更愿意在未来和他的工作协作中多一份理解和支持。

其实，企业文化没有那么高深，它就是来自日常工作中的一些细节，来自每个人和周围每一个同事打交道感受到的点点滴滴。

| 基于数据分析的人才策略 |

一家著名美资快消行业公司的人才管理总监，分享了该公司基于数据分析的人才策略。

和大多数公司的人才策略一样,该公司把工作重心放在了对人才的选(Buy)、育(Build)、留(Retain)三方面。但是,跟很多公司做法不一样的是,在每一个阶段,该公司都严格以数据分析为依据制订人才决策。

首先在选人(Buy)方面,把现有关键人才的背景数据逐一分析和比较,包括:学历、毕业院校、专业、前公司背景、行业背景等。

例如,经过分析市场部和销售部的关键人才数据,得出结论:销售部的人才很多并不具备重点大学和跨国公司背景,而市场部的情况正相反。销售部的员工可以招聘来自有普通大学学历和无跨国公司背景的候选人;市场部招聘的人员则最好具备重点大学学历,并具备跨国公司背景。

再看育人(Build)方面,针对中层管理者这个群体,重心放在胜任力(Competence)和职业经历(Career Experience)两个方面。

第一,对管理者做能力测评,根据测评数据,找出管理者现有能力与企业期望水平之间的差距。然后根据这个差距,有的放矢地为每位管理者制订个人发展计划(IDP)。比如,对一线销售主管的测评结果数据显示,这部分人缺乏沟通技巧和带团队能力。于是,公司对他们通过全球标准化的"有效沟通"与"职业辅导——做一位启发型领导者"这两个培训模块来做后续跟进。

第二,在职业经历方面,对管理者的职位任期时间做了数据分析。比如,分析发现销售部主管平均每年升职一次。假如每位管理者在这么短时间内都能升职的话,长此以往,对组织的健康性是有损害的。因此,企业后来为销售团队制订了更丰富的职业生涯发展路径,让销售主管不但可以在组织内纵向移动,也能横向跨部门移动。

最后是留人(Retain)方面。通过对离职人员的数据分析,发现了两大离职原因:薪酬和职业发展机会。基于此,将行动方案放在两个方面:

1. 为关键人才制订应急方案（Talent Contingency Plan），对这些人的离职风险做分析，提前做预案，并准备好接替人选。

2. 对关键人才做专门的薪酬数据分析，然后提出相应的留人方案。

最终，通过以下几种手段，对关键人才实现了有效挽留：

1. 增加关键人才与公司高层的可见度。
2. 对薪资偏低的关键人才适当加薪。
3. 升职。
4. 帮助他们横向移动到其他部门和岗位。
5. 让他们领导跨部门项目。
6. 让他们接受跨部门辅导。

纵观以上分享的工作细节，其实很多也是平时每一个做组织发展的人不难想象到的。但是，恰恰是这些不起眼的工作，如果扎扎实实地做好了，就能收获不错的结果。这就应了那句话："把一件平凡的事做到极致，你就赢了。"

一个高盛叛逆者眼中的高盛人力资源管理

在"9·11"恐怖袭击发生后,高盛伦敦的 HR 部门迅速取代纽约的 HR 总部,开始统一调配和安排公司全球的人力资源工作,并安抚美国受到影响的员工。整个过程无缝连接、一气呵成。

我有次去国外出差,下飞机后等待入关检查的旅客们在海关大厅里排起了长龙。百无聊赖之中,我掏出随身携带的 Kindle 来看书打发时间,当时偶然点击的就是这本 Why I left Goldman Sachs(《我为什么离开高盛》)。书中文字简洁流畅,故事性极强,作者以自己的亲身经历把读者带入了一个犹如野蛮丛林、弱肉强食的投行世界。书才翻了两页便停不下来,等我随人流终于来到入关柜台前时,第一章已经快读完了。

一名年轻有为的投资银行家 Greg Smith,于 2012 年 3 月 14 日在《纽约时报》上公开发表了一封名为"我为什么离开高盛"的辞职信,信中直指高盛这家世界著名投行"道德品行沦落",并对高盛不再以客户利益至上,而是以牺牲客户利益为代价、强调金钱至上的公司文化进行了猛烈抨击。

Greg Smith 以一名南非国际学生的身份毕业于斯坦福大学,毕业后进入纽约的高盛总部工作。在牛人如林的高盛,他凭自己的勤奋和能力实现了火箭般的蹿升速度。在辞职时,他已升至执行董事,是高盛内部管理美国股票衍生业务在欧洲、中东和非洲地区的负责人。公开信发布之日，全球金融危机刚刚尘埃落定，监管机构正准备全面审视投行在金融危机中所起的作用。因此，此公开信一面世即引起全球轰动，高盛股价当日下跌3.4%，21.5亿美元市值灰飞烟灭。

Greg在高盛工作了12年，他以实习生起步，从职员、主管、副总裁到执行董事，一路一步一个脚印走下来，对高盛的企业文化体验极深。他在自传《我为什么离开高盛》一书中，全面描述了自己在高盛的职业历程，其中对公司内部的管理文化也多有着笔。本文没想去讨论高盛是否存在"道德沦陷"的问题，而只是想通过书中透出的某些细节，一斑窥豹，来看看这家世界上最顶级的投行，在人力资源管理方面有哪些独特的地方。

| 淘汰机制 |

只有那些坚持不懈、才华出众的人，才能在高盛坚持到最后。从大学校园招聘开始，高盛即制订了一套残酷的人员淘汰机制。每年高盛都会从哈佛、普林斯顿、斯坦福等顶级名校中招聘优秀毕业生进入公司做实习生，实习生中最后只有50%能拿到正式工作。第一年进入公司的Analyst中，只有40%的人能够升至Associate。最后能够爬上金字塔塔尖，成为副总裁、执行董事的则更少。正是通过这种比一般公司更狠、比例更大的大浪淘沙似的筛选，高盛确保了最后留下的人都是真正最顶尖的人才。

| 绩效考核 |

高盛实行了360度的全面绩效考核。考核时，每个人可以任意选取10名同事，包括同级、上级或下级，来对自己进行绩效打分。打分范围为1~9分，考核领域包括工作技能、团队合作、业务能力、与人沟通等。通过这种考核办法，让一个员工接受360度全方位无死角的考核，最大限度避免了上下级考核中最容易出现的主管偏见误差。

| 成功文化 |

高盛鼓励员工去创造成功，并且在成功后为员工大肆庆祝。Greg 在书中提到，他在做菜鸟 Analyst 的第一年中，完成了人生中的第一桩股票交易，为公司赚取了 80 美金。仅仅为了这区区 80 美金的成功，他的经理便为他举行了一次隆重的庆祝仪式，场面有点类似于 NBA 夺冠剪篮网的那种场面。经理当时为他搞了一个剪衬衫纽扣的仪式，并邀请公司整个楼层的同事们前来参与。最后 Greg 惊奇地发现，其他楼层的公司高层们居然也都在收到邮件邀请后出现在了他的座位旁，加入欢乐的人群向他祝贺。

| 资源调配 |

作为一家跨国公司，高盛在全球的人力资源调配能力也堪称一流。书中提到，在"9·11"恐怖袭击发生后，高盛伦敦的 HR 部门迅速取代纽约的 HR 总部，开始统一调配和安排公司全球的人力资源工作，并安抚美国受到影响的员工。整个过程无缝连接、一气呵成。袭击发生后的第二天，公司 HR 的电话就拨到了纽约的每一位员工的手机上，为每一名员工提供临时酒店住宿、发放价值数千美元的紧急备用金、告知新的工作地点和工作时间，等等。高盛在面临突发灾难的情况下，依然能及时安抚住员工情绪，并让公司整体业务继续保持有条不紊运转，其神速的应变能力和人性的灾后援助，让人印象深刻。

| 领导力 |

高盛在对领导力的定义中,更多强调的是领导者对公司文化之影响,即作为一个领导,领导者对公司的文化传播和落地是否真正起到了引领作用。高盛会围绕着以下几个问题来评估一位领导者的领导力:

1. 领导者是否为公司其他年轻的员工树立了一个良好榜样?

2. 领导者是否在其平时言行中充分扮演了一名公司"文化使者"的角色,身先士卒地倡导了团队合作及公司价值观?

3. 领导者是否从内心赞同并维护公司的长期利益?

4. 领导者是否具备足够的远见和胆识,不时地拒绝可能为公司带来短期利益、但是长期却对公司不利的业务,因为此类业务可能对公司长远的声誉造成损害?

美军是如何向对手学习打造无边界组织的？

标杆学习篇

事实上，没有哪个难题是一成不变的，变化是我们今天所处这个时代永恒的主题。对组织而言，无论周遭环境如何变化，下力气打造自身的适应性和韧性，才是能够做到以不变应万变的最好武器。

联合特种作战部队（Joint Special Operations Task Force）是美军在经历了20世纪80年代初美国驻伊朗大使馆人质事件后组建起来的。在那次任务中，因海军、空军及海军陆战队等各部门间协调不畅，导致最后人质营救失败。痛定思痛，美军下决心打造一支可以随时有效应对来自世界任一角落威胁的快速反应部队。联合特种作战部队囊括了美军现有最精锐力量：三角洲、游骑兵、海豹突击队和陆军特种兵等，自组建之日起，就攻无不克、战功卓著。在历次重大任务中，包括入侵格林纳达、活捉巴拿马总统诺列加、海湾战争中收复巴格达等，该部都是主力之师。

但是，当斯坦利·麦克里斯特尔将军于2003年就任美军驻伊拉克联合特种作战部队司令官的时候，他却发现自己面临一个前所未有的战场。当时，萨达姆政权已被推翻，美军在战场上的主要对手已从伊政府军转变为伊拉克"基地"组织。敌我双方对比悬殊：美军士兵人人都武装到牙齿，空中还有侦察卫星，天上飞着捕食者无人机、阿帕奇直升机和F16战斗机，地面上轰鸣着悍马车和M1A1

坦克；另一方面，"基地"武装分子基本没经过正规军事训练，武器是简陋的AK47、火箭筒和自制路边炸弹，平时靠网络和手机联系，看上去完全就是一群乌合之众。

按说，美军遇到这样的对手，应该是摧枯拉朽才对吧。事实是，基地组织的打法让美军吃够了苦头。

基地组织的战略战术并无规律可循，可以根据实际需要随时调整。运用起来变化多端、神出鬼没。比如，发现美军装备有夜视镜，具有夜战优势，经常搞夜间突击。因此，他们就反其道而行之，白天隐藏在民宅，晚上散到野外睡大觉，让美军屡屡扑空。

他们并无一个传统意义上的组织架构。整个组织结构看起来更像一种网状结构。看似混乱无序，但是打起仗来却收放自如，随时可以撒得开、收得拢；进可攻、退可守。这有点像电影《终结者2》中的液态金融人，能让自己变化成各种形状，上天入地简直无所不能。

他们通过手机和互联网互相联系，信息在整个组织内部流动起来非常快速、毫无障碍。组织头目和成员每一个人都可能掌握大量信息，每一个人都具有同样的危险性。甚至头目和成员之间也没有清晰界限，每个人都可能是个领导。这又有点像《西游记》中的九头虫，斩掉一个头，另一个头又随时冒出来。美军靠斩首行动打掉了很多基地头目，但是最后却没用处。

面对这样的对手，美军疲于奔命、防不胜防。后来美军在伊战场一度单月阵亡人数突破1000，完全超过了战争初期和伊拉克正规部队作战的伤亡。

问题到底出在哪里？经过反思，斯坦利·麦克里斯特尔认为问题根本出在美军自身组织模式上面。

首先，联合特种作战部队历经变迁，组织机构已经变得日益庞大臃肿，成员单位既包括了三角洲、游骑兵、海豹突击队、陆军特种兵等军方部门，还包括国务院、CIA、FBI、国安局和众多外部承包商。组织内上下层级增多，汇报路线拉长，官僚主义盛行。一次，CIA发现了基地分子行踪，需要调用无人机前往轰炸。等完成了冗长的审批签字流程把无人机调遣到位时，敌人早就遁得无影无踪了。

其次，各部门虽然都在联合特种作战部统一指挥下作战，但是相互之间信任度不够、信息缺乏互通，基本上还是铁路警察各管一段。有限的资源面前，人人争抢、当仁不让；遇到任务，个个都从本位主义出发，互不通气。曾经，海豹突击队从战场缴获了大量有价值的情报带回后方，但无人对此重视，把情报束之高阁。等后来偶然重新发掘出来时，其价值早已失效。类似案例屡屡出现。

现代战争环境下，宝贵机会都是稍纵即逝。就这样，美军迟缓的决策和不畅的内部沟通屡屡贻误战机。

到底该怎么办？痛定思痛，McChrystal给出的解决方案是：向对手学习，以其人之道还治其人之身。

| 打破组织水平边界与外部边界 |

首先，统一所有人的思想。大家无论来自哪个部门，都必须具备共享意识。到了战场上，每个人都要认清团队的使命何在？大家到底是在为何而战？团队的共同目标到底是什么？通过大会小会等各种渠道，把这样的共享意识向每个人反复灌输。

其次，让信息在组织内部真正畅通无阻地流通起来。为了实现这个目的，斯坦利·麦克里斯特尔拆除了所有办公室隔断，让所有人共同聚集在一个开放式的办公区间办公。物理上边界的消除有助于消除人们头脑中的思维边界。

特别地，斯坦利·麦克里斯特尔运用了一个消除组织边界的利器：O&I会议（Operations & Intelligence）。O&I是所有部门参加的、每周两个小时的跨部门例会，专门用于各部门之间互通情报、协调资源、统一行动。该会议规模很大，在线参会人数最多的时候高达数千人，来自军队、政府机构、情报单位、合作供应商等，分布全球各地。O&I 前所未有地增加了内部信息透明度，让所有信息真正地畅通起来，也让每一个参与其中的人真正看到了事件全局，帮助他们做到了系统性思考。

最后，为了打破水平和外部组织壁垒，斯坦利·麦克里斯特尔还对团队组织架构和工作流程做出改革，把传统的管理和控制型组织结构改变为团队型组织结构。

| 加深跨部门信任感和联结性 |

要实施好团队型组织架构的基础是团队之间相互的信任感和联结性。美军用两大制度来保障这个目标的实现。

第一个叫人员嵌入（Embedding Program）：这个有点类似于部门之间的人员交换项目，每个周期通常为期 6 个月，以此来加强部门联系，以及帮助部门如何站在其他部门的立场来思考问题。

第二个叫关键联络官（Linchpin Liaison Officer）：这个是部门之间互相派出的常设联络人，其人选要求必须是原部门的杰出精英。这些关键联络官都得到充分授权，在关键时候可以代表部门做决策。通过上面两种办法，各部门之间实现了"你中有我，我中有你"。

| 权力下放，对一线部门充分授权 |

现代战争中取胜的关键是速度。决策流程的分秒迟缓可能就带来重大战机贻误。因此，一线部门需要在得到一定授权并充分掌握信息的基础上，及时决策。

旧有组织模式下都是下属负责提供信息供领导决策，但在联合作战部，这个模式被颠覆成了领导负责提供信息，下属通过对现场实际判断负责决策。不过，对下属也不是单纯放权，放权必须建立在两个前提的基础上：第一，团队成员都要确保可以充分接触到所有信息，并能够在共享意识下进行系统性和全局性思考；第二，领导者对团队成员做了足够的培训和辅导，帮助提高他们的有效决策能力。

通过以上变革，美军一改往日臃肿迟缓的形象，开始变得像对手一样机动灵活。到了2006～2007年间，美军在拥有和之前同样资源的前提下，任务的行动速度比之前快了17倍，并成功扭转了战场局势。猎杀基地三号人物扎卡维、击毙本·拉登和解救菲利普船长，均是联合特种作战部组织改革后的经典之作。

世界上并没有一个组织模式的万灵药。书中也提到，美军之前的组织模式在遭遇正规军的时候也都是所向披靡，看看美军在两次海湾战争中的表现便不难得出这个结论。但是，同样的组织模式，面对"基地"组织这种对手却完全失效。

事实上，没有哪个难题是一成不变的，变化是我们今天所处这个世界永恒的主题。对组织而言，无论周遭环境如何变化，下力气打造自身的适应性和韧性，才是能够做到以不变应万变的最好武器。

而要打造这两项能力，最关键的是要做到两点：建立无边界组织，让信息在组织内部充分流动，锻炼每个组织成员的全局性和系统性思考能力；对组织成员赋能和放权，锻炼每个成员的信息处理能力和决策能力。

GE 克劳顿大学参访笔记

世界 500 强
人力资源总监
管理手记

> 管理的核心是完成工作任务（Get the job done），而领导力的核心是推动变革（Make the change）。

在 GE 人力资源总监 Cindy 的安排下，我有幸和几位朋友一起参观了 GE 上海张江园区以及坐落在园区内的克劳顿大学。回来后，和身边的朋友聊到这次参访的所见所闻，有朋友问我：GE 为什么是一个伟大的企业？

伟大的企业，既能为世界贡献一流的产品和服务，还能贡献一流的思想。对我来说，更感兴趣的是后者。当年，无论是"群策群力"，还是"无边界组织"，这些现代管理学概念都是从 GE 身上开始发扬光大并影响世界的。

在我进入职场后的第三年，一个偶然的机会了解到 GE 的前董事长杰克·韦尔奇写了本书叫《杰克·韦尔奇自传》。当时此书尚未引进中国，我迫不及待地请一位出差美国的同事买回一本英文版，拿到书后在一两周之内就如饥似渴地读完了。

当年，我对书中提到的众多管理学名字并无特别的概念，只是感觉这些方法十分新颖，如能用到实际工作中去一定很有效。今天，在职场经历多年之后，再回过头来看这些理论，依然不用担心它们已经过时。GE 克劳顿大学今天已成为全球所有企业大学的一个标杆。上海张江园区也是克劳顿大学在美国本土之外最大的一个校区。接待我们的是谭校长（Roy Tan）。谭校长平时除了给 GE 内部高管上课，还为前来克劳顿进修的中国各级党政机关领导培训。这次机会难得，用了一个下午的时间，听谭校长把 GE 百年的战略发展历程娓娓道来。

大学定位

GE 为什么要建立克劳顿大学？杰克·韦尔奇在书中专门有一章讲述。书中是这样写的："我希望它能集中于领导人才的开发，而不仅仅是职业培训；希望它能成为一个可以触摸到公司最优秀人员的头脑和心灵的地方，在改革过程中聚合公司力量的精神纽带。"

今天，GE 对克劳顿大学的定位是：第一，开发、倡导和培养 GE 公司的文化和领导力；第二，提供一个交互式环境，方便公司高管开展头脑风暴，升华平时的工作实操经验；第三，提供一个传道授业解惑场所。这里所针对的教学对象，既有公司内部员工，也有外部客户。

领导力发展

在领导力培养方面，克劳顿大学具体是如何来贯彻和实施的呢？

第一，帮助公司寻找未来的领导者。韦尔奇本人就曾经亲自从克劳顿大学的课堂上发现了很多具有领导力潜质的未来之星，包括后来接替韦尔奇担任今天 GE 董事长职位的伊梅尔特；第二，满足公司现有领导者们当下的需求，为他们提供领导力技能培训；第三，帮助发展公司高潜人才（HIPO），让他们在未来的 1~3 年内能够胜任更高的领导职位；第四，为了帮助员工在整个工作生命周期的学习，为他们开发订制化的学习课程。

为更好实现上述目标，克劳顿大学和一般意义的企业培训中心相比,在运作方式上也不一样。它作为独立的成本利润中心在 GE 内部运作,其他业务部门的员工前来克劳顿大学接受培训,需要向学校付费,如同到一个外部培训中心学习一样。

为了让克劳顿大学的教学内容更加贴近企业实际,GE 提出让领导者来教授领导者(Leaders teach leaders)。在这个方面,韦尔奇本人就以身作则,曾经每年雷打不动地、至少花 60 个小时在克劳顿大学课堂上亲自授课。

这也给后来的 GE 领导者树立了一个榜样,包括伊梅尔特在内的高层领导,都以自己在克劳顿大学的授课时间超过韦尔奇而自豪。

今天,GE 除了让高管参加内部授课以外,还提倡一种反向辅导的做法,也就是:年轻员工如果在哪个方面有过人之处,也可以反过来在该领域去辅导那些比自己更资深的高管。

| GE 运营三阶段 |

GE 认为,企业战略实施中最关键的一个环节就是人员协调一致。本着这个精神,在过去几十年里,公司运营分别经历了三个阶段:

第一,高效运营阶段(20 世纪 80 年代)。组织被整体划分为事业部,强调人员的高执行力。这个时期 GE 对领导者的要求可以用 4E 加 1P 来概括。4E 分别是活力(Energy)、鼓动力(Energize)、决断力(Edge)和执行力(Execute);1P 是对工作的激情(Passion)。

第二,全球化阶段(20 世纪 90 年代)。组织设计中开始出现地区分部,组织价值观强调正直和包容,并以此为价值纽带将分布在全球各地的业务部门连接起来。

第三,互联网阶段(今天)。组织强调简单化、快速反应和以客户为中心,组织设计突出打造一个灵活应变的敏捷组织。GE 文化开始倡导三大要素:GE 信念、绩效发展和快速工作法。

为了打造一个敏捷组织,GE 在人力资源管理的很多方面都大胆进行了改革，比如，组织设计：将传统的事业部型组织，转变为以项目为主线的团队型组织，强调组织的敏捷度和扁平化，发展5~7人的小团队组织。管理流程：简化内部的管理流程。比如取消了适用多年的绩效打分制度，管理者现在需要通过和下属的频繁沟通和辅导，来实现管理目标。绩效考核：以前强调KPI的考核，现在更多是类似于OKR那样的目标管理，鼓励员工为实现超越常规的工作目标而努力。领导模式：鼓励领导者从管控的模式转变为辅导和教练的模式。从以前为下属提供答案的角色转变为向下属尽可能地发问，通过提问题来起到启发、激励下属的目的。

GE作为一家拥有上百年辉煌历史、员工多达十几万人的大公司，敢于如此地自我革新，像一家中小型企业那样来要求自己，在不断试错中实现快速迭代，其勇气令人钦佩。

本次参访收获到的几个金句：

1. 最好的领导者也是最好的学习者（Best leaders are best learners）。

2. 提升领导力，而不是领导者（Promote leadership, not leaders）。

3. 管理的核心是完成工作任务（Get the job done），而领导力的核心是推动变革（Make the change）。

4. 战略成功最重要的一个因素是人员协同（Align people）。

5. 领导力就是敢于在未知世界中去领导（Leading with unknown）。

读书笔记篇

春风十里，不如职场有"你"

读书笔记篇

> "你总希望每个人都喜欢你，这会阻碍你前进的脚步。如果你希望实施变革，你就不应该去取悦每一个人。如果你取悦每一个人，你将无法取得足够的进步。"

今天是三八节，之前看到一些朋友在微信群里关于女性和职场的话题，让我一下子就想起了我读过的一本书 Lean In（中文译本名为《向前一步》）。很巧的是，今天我所在的公司也给所有员工发了一份礼物，男女员工都有，其中就包括这本书。下面这篇文章完成于4年前，本书在美国刚刚上市，我从纽约纽瓦克机场买了一本，然后在从纽约飞回北京的航班上一口气读完。当时正值我进入一个新的工作岗位，这本书给我在职场如何发展带来了很多启发和莫大鼓励。读完之后意犹未尽，马上提笔写了这篇读书笔记。

假如您到现在还没有读过此书，在此我郑重地向您推荐。

雪莉·桑德伯格的新书 Lean In: Women, Work and the Will to Lead 一出炉，即连续荣登纽约时报畅销书榜首位，看看本书作者的背景，便知这一切确实不足为奇：雪莉·桑德伯格毕业于哈佛MBA，在哈佛期间师从美国著名经济学家，担任过哈佛校长、美国财政部长以及奥巴马政府经济顾问的拉里·萨默斯；她哈佛毕业后先进麦肯锡

世界500强
人力资源总监
管理手记

公司担任咨询顾问，后应萨默斯之邀担任萨默斯在美国财政部的幕僚长（Chief of Staff）；离开政府后，她应谷歌CEO埃里克·施密特之邀进入谷歌工作，职位一直做到谷歌的全球副总裁。雪莉·桑德伯格目前被Facebook的创始人扎克伯格请到该公司担任首席运营官（COO）。

这一串耀眼的经历，简直就是根红苗正，属于美国典型的精英中的精英、强人中的强人。有这样的背景，便不难理解为何她一出书便广受追捧。

全书语言流畅，通俗易懂，可以看作是一本关于女权主义、成功学、职场宝典及作者自传的集成体。不过，说到女权主义，也许需要加个引号，因为作者并不认为自己是那种极端的女权主义者，全书更多倡导的是"男女平等、女人也顶半边天"这样的理念。

书的前半部分虽然强调的是针对女性，实际上对所有职场人士同样适用。作者根据自身的经历提出多个观点，非常实用。

比如，其中一个观点是sit at the table，可以理解为"坐到前排去"。我们很多人在一些重要场合下，出席会议时，不由自主地会坐到后排去。更有甚者，在出现重要机会时，会下意识地往后缩。殊不知，这样的举动恰恰会把你继续限制在一个不起眼的位置，让你和机会擦肩而过。

又比如，书中提到很多人都下意识地有一种I am fraud的心理。怎么理解呢？就是很多人可能已经比较成功了，或者取得一些成绩了，但是因为自己信心不足，总觉得这些好像是假象，对自己严重不自信，导致做起事情来畏首畏尾、事倍功半。

雪莉·桑德伯格说她自己就曾经存在这种严重不自信的心理。实际上，这样的心理在很多人身上都不同程度存在。试想，连作者那么成功的人都会这么想，更何况我们普通人。所以，你要对自己始终充满信心，相信自己，这样才能让别人对你建立信任，让自己抓住每一个稍纵即逝的机会。

那么，有的时候你可能确实能力不足，在面对机会时又该怎么办呢？

雪莉·桑德伯格引用了思科集团首席信息官的一段话："你的责任就是快速学习、快速产生绩效。"快速学习的能力是领导者应该具备的最重要的一种素质。世界上没有哪一个新的机会是与你的能力完美吻合的。你必须接受这个机会，并迫使自己来适应这个机会，而不是让机会反过来适应你自己。

书中有一段描述，给我的印象很深，雪莉·桑德伯格在入职Facebook三个月后，与公司创始人扎克伯格的第一次面对面回顾时，扎克伯格对她有一段评语："你总希望每个人都喜欢你，这会阻碍你前进的脚步。如果你希望实施变革，你就不应该去取悦每一个人。如果你取悦每一个人，你将无法取得足够的进步。"

我觉得这段话说得相当精辟。很多管理者总是希望做个老好人，得到所有人的拥戴和喜爱，在平时管理中不愿意去得罪任何人。而作为一个合格的管理者，你需要适时在公司实施变革、推陈出新，这样势必会触犯一些人的利益。假如你总想取悦于每个人，你就无法实施任何变革，公司发展也将停滞，这对公司最优秀的那部分人才也不公。最终的结果是：优秀人才离开，庸人继续当道，公司效率持续低下。

雪莉·桑德伯格关于导师的描述也很有新意。在很多跨国公司都有正式的导师制度，即年轻员工都会由公司来安排一个资深员工作为导师，帮助年轻员工成长。作者认为，作为年轻员工，完全无需拘泥这种正式形式，你完全可以在各种场合利用和资深员工接触的机会来向他们请教。可以是一次简单的工作会议，也可以是办公室走廊上的一次偶遇。

如果非要正式地为自己安一位"导师"，最后可能的结果是：

你从一个固定的人身上学到的东西有限，而你的导师也可能经常因为时间有限而无法给你想要的辅导。

书的下半部分主要针对女性读者。尽管已经进入了21世纪，但是因为众所周知的原因，女性仍然无法在职场中顶起半边天，各种CEO排行榜中的女性领导人也是寥寥无几。其中的原因很多，有社会大环境的原因，也有女性自身的原因。

雪莉·桑德伯格在书中为女性读者提出了很多实用的职场建议。比如，Don't leave before you leave，即不要在你离开之前就已经思想上做好了离开的准备（主要针对很多初入职场就开始考虑结婚生子的女性）；还有，持家与养家一样重要，夫妻双方在持家和养家上面应该不分主次，共同平等担当一切工作，共同面对来自职场和家庭的诸多挑战，等等。

书的结尾，雪莉·桑德伯格提到她自己发起了一个叫Lean In(义工旅行）的非赢利组织及网站（https://leanin.org），本书的全部收入将捐献于本组织，用于各种女权推广之用。我好奇地上网浏览了一下，内容还挺不错，上面收录了诸多女性名人贡献的文章和视频，包括前美国国务卿赖斯、比尔·盖茨夫人梅琳达·盖茨、美国著名歌后艾丽西亚·凯斯、著名主持人奥普拉等，另外还有在平凡岗位上为自己理想而奋斗着的诸多普通女性，非常值得广大职场人士关注。

首先管理好你的精力，而不是时间

> 优秀选手和普通选手在比赛中的最大差异在于谁更好地在极短时间内完成精力再造。

最近，某著名互联网公司提出996工作制，即早上9点上班，晚上9点下班，每周工作6天。紧接着，某著名IT公司也发布了一个"奋进者"计划，鼓励员工申请成为公司的奋进者，自愿放弃所有带薪年休假，自愿进行非指令性加班、自愿每天工作12个小时、每周工作6天，除此之外，春节、国庆等大假期还需随叫随到，无条件加班。

"互联网+"的时代，人们忙着和时间赛跑，我们的精力真的是无限的，可以让我们这样高强度、无间歇地一直跑下去吗？事实是，人的精力是有限的，使用过度和使用不足都会削弱精力，所以我们必须不时更新精力以平衡消耗。

吉姆·洛儿和托尼·施瓦茨是长期与顶级职业运动员合作的心理学家。在和世界顶级网球运动员的合作过程中，他们面临的首要任务就是：如何让运动员在高强度竞争压力下保持高水准的表现？

常识一般认为，运动员只要通过平时训练掌握了足够的技能，就能在比赛中发挥出最好水平。事实果真如此吗？

为了找到最优秀网球选手和普通选手之间的差别,两位心理学家花了数百小时研究这些优秀选手的比赛。最后发现令人震惊:优秀选手和普通选手在比赛当中的技能习惯并无大异,但是他们在比赛间歇有明显不同的行为模式,包括得分后走回底线,头和肩膀如何摆正,视线看向哪里,呼吸模式,甚至自言自语等这样的习惯。

他们进一步发现,网球比赛中,选手的心跳越是一成不变,他们表现就越会逐渐下滑,因为精力消耗得不到补充会导致心跳逐渐加快;同样,心跳迟缓的选手也发挥不出应有水平,因为他们不够投入,或者已经放弃了比赛。

结论:优秀选手和普通选手在比赛中的最大差异在于谁更好地在极短时间内完成精力再造。

大自然本身存在规律的脉动:涨潮退潮、四季更替、日升日落……同理,人类也具有内在节奏,节奏性存在于我们的基因中。张弛有度是全情投入、维持技能和保持健康的关键。

试想,那些996、白加黑工作制度下的员工,如果长时间加班得不到有效休息调整,身体会更加疲惫,而疲惫又会带来情感的负面影响,如愤怒和沮丧,最后的工作效率和工作质量可想而知。

再回头想一下,为什么那些从来不强调上下班时间的西方公司,比如谷歌、Facebook和皮克斯动画等,那里的员工反倒是创造力和生产力超强,可以源源不断地创造超过我们思维极限的新产品?

两星期前,我参加一个论坛,会上一位发言嘉宾来自某著名事务所,最近刚刚荣登中国最佳雇主排名行业第一。在谈到员工管理时,该公司经验是工作不需要员工必须坐在办公室完成。公司没有固定上下班时间的规定,员工可以随时随地在办公室、家里、机场或咖啡厅完成工作。管理上完全实行结果导向型绩效管理。

那么,对个人而言,怎样才能做好精力管理呢?

首先,转变观念。

旧观念	新观念
管理时间	管理精力
避免压力	追求压力
生活是一场马拉松	生活是一系列短跑冲刺
放松是在浪费时间	放松是有效产出的时间
回报驱动表现	目标驱动表现
依靠自律	依靠习惯
积极思考的力量	全情投入的力量

其次，优秀的精力管理源于对精力的四大源头做好管理，从源头上不断更新精力以平衡消耗。

| 体能 |

1. 体能精力调节的两个关键是呼吸和饮食。
2. 延长呼吸有利于精力恢复，比如，每次以三次呼气、六次吐气完成一组呼吸，可以使体能、思维和情感平复下来。
3. 低糖早餐可以提供高效持久的精力。此外，早上吃早餐时间早的人比晚吃的人疲劳感更少。
4. 喝水是最常被人忽略的精力再生方式。如果你等到口渴才喝水，身体或许已经缺水很久了。
5. 工作时少喝咖啡和茶，因为咖啡因利尿，会导致身体缺水和疲劳。
6. 工作日的中午小憩20～30分钟是一种绝佳的精力恢复手段。

| 情感 |

1. 培养可以让自己产生正面、积极情感的业务爱好，每周花几个小时做这些事情可以让你得到放松和快乐。

2. 情感恢复或再生要选择有内涵和有营养的来源。

3. 看电视对于情感等同于垃圾食品。看电视也许可以带来暂时恢复,但缺乏营养,容易让人消耗过度。

4. 不论是读书、跳舞、运动、瑜伽还是听音乐,关键是要表达出你对这些活动的重视,并将投入其中的时间视为神圣不可侵犯。

| 思维 |

1. 对事情保持专注和乐观,既看清事物本质,又能够朝目标积极努力。

2. 间歇性变换思维频道,定期放空思维,达到精力休息和再生的效果。

3. 每天自我总结反思,通过写作进行自我积极对话。

4. 除了锻炼身体,也要锻炼大脑,把自己推向不舒适区,比如学习一门新知识、新技能,让思维肌肉和细胞不断得到磨练和更新。

| 意志 |

1. 意志力的关键在于性格品质、人生目标、勇气和信念。

2. 意志力为所有层面的行为提供动力,带来激情、恒心和投入。

3. 努力寻找个人生活和工作的意义,帮助和成就他人。

4. 自私自利会削弱精力,我们越是被自己的恐惧和担忧掌控,越难调动精力做出正确举措。

5. 最强大的意志力量是激情、投入、正直和诚实。

(延伸阅读:《精力管理》,作者:吉姆洛儿/托尼施瓦茨)

读完这篇，其他关于谈话术的文章可以不用看了

在这个信息爆炸的社会，长篇大论、喋喋不休只会浪费别人时间。如果凡事都可以直奔主题、讲得简明扼要，别人愿意停留在你身边和你交谈的时间也会更长。

市面上流行的关于谈话技巧的文章何其多。这个周末无意中看了 Celeste Headlee 关于谈话技巧的 TED 演讲之后，顿觉这场 20 多分钟的演讲已然秒杀了这些文章。

Celeste Headlee 是美国全国广播公司（NPR）的一名主持人，她所主持的谈话类节目 Tell me more，通过一对一谈话形式采访嘉宾，是全美最受观众欢迎的电台谈话类节目之一。

在一次 TED 演讲中，她从自己的职业生涯中提炼出了 10 条如何与人有效谈话的真知灼见。

| Don't multi-task, be present——拒绝多任务处理，专注当下 |

这一点倒是和我之前写过的快速阅读法很类似。不要在做一件事儿的同时脑子里还在想另一件事儿：一边和同事谈工作，一边脑子里还想着昨晚的一场朋友聚会。多任务处理的后果就是什么事情也没处理好。从心开始、专注当下，专心专意地去与人谈话。

美国前总统克林顿是一位沟通大师。我至今对很早以前读过的一篇文章记忆犹新。里面提到克林顿不论在和谁谈话的时候,他都会面朝着你,身体微微向前倾斜,面带微笑,让你顿时感觉:"此时此刻,他的世界里只有你。"

| Don't be pundit——忌为人师 |

与人谈话时,让人最烦的一种人就是认为自己什么都懂,恨不得什么事儿都去对别人指指点点。

作为交谈者,需要把自己的个人观点放在一边,抱着谦卑的心态去听别人在讲什么。

正如世界上没有哪两片树叶是完全一样的。同样地,我们所遇到的每一个人,身上也一定有值得我们去学习的东西。

| Ask open questions——问开放性的问题 |

所谓开放性的问题,是与封闭性的问题相对的。如果你问出的每个问题,对方都可以用"是"或"不是"来回答,这就是个封闭性问题,往往对话也就很快陷入无话可谈的窘境。

而开放性的问题,通常可以概括为 5W+1H(when、what、where、why、who、how)。翻译过来就是问"何时""何事""何地""何故""何人"以及"怎么样"。比如,在和一个陌生人谈话时,当对方讲完一件事之后,最简单也是效果最佳的提问方式可以是:"当时到底是怎么一回事儿?"或者"你当时的感觉怎么样?"

| Go with the flow——顺其自然 |

在与人谈话过程中,你的脑子里可能会突然冒出各种各样的想法,打断或干扰你正常的谈话思路。

这个时候需要做的就是:顺其自然,不要让这样的想法在脑子里停留太长时间。

| If you don't know, say that you don't know ——承认自己的无知 |

孔子曰："知之为知之，不知为不知，是知也。"别人讲的事情，可能有你不知道的地方，大大方方承认自己的无知，这才是一个真正的智者。如果要小聪明，非要不懂装懂，不但要去费力掩盖，而且容易让人识破。

| Don't equate your experience with others——不要拿自己的经历去等同他人 |

人们在谈话中常犯的一个毛病，就是当别人说起一件事或一段经历，甚至可能还没有说完，就迅速拿自己的经历去对比。比如，对方说周末跑马拉松比赛跑了4个半小时，马上就说自己上次跑了4小时15分钟；对方说昨天把手机丢了，马上就说自己前阵子把钱包也丢了。如果这样，还有人愿意继续和你谈下去吗？

有人就是恨不得抓住一切谈话机会来推销自己。如果想把谈话顺利地进行下去，需要谨记的是：别人正在讲的这件事不是关于你的，现在并不是谈论你自己的好时候。

| Don't repeat yourself——不要重复自己 |

在谈话中反反复复把一句话和一个观点来回地说好几遍，这样做只会让对方觉得很无聊。谈话如此，平时上台做presentation亦然。

| Forget the details——忘掉细节 |

说话时，不要纠结于一些事情的细节，比如具体到何年、何月、何时、何人这样的细节。时间有限，没有人会去在乎这些细节的。

对方在乎的是你这个谈话的人。如果他们对这些细节在乎,自然会问你的。

| Listen——聆听 |

佛说:"如果你在张口说话,你就没有在聆听（If your mouth is open, you are not listening）。"

科学研究表明:人在聆听时,大脑可以每分钟处理 500 个单词;而在谈话时,大脑只能每分钟处理 225 个单词。

换句话说,如果你在谈话中自顾自说,每分钟会比在聆听时少接受高达一倍的信息。

| Be brief——简明扼要 |

"A good talk is like a miniskirt, short enough to retain interest, long enough to cover the subject."（一次好的谈话犹如一条超短裙:短到恰好引起你的兴趣,长到恰好覆盖关键主题。）

咨询顾问们都要训练"电梯演讲"的能力:和重要客户同乘一部电梯,你要在电梯打开前的短短 1 分钟甚至几十秒内把一件重要事情向这位客户讲清楚。在这个信息爆炸的社会,长篇大论、喋喋不休只会浪费别人时间。

如果凡事都可以直奔主题、讲得简明扼要,别人愿意停留在你身边和你交谈的时间也会更长。

将你的读书速度提高 10 倍的心法

读书时老是忍不住刷微信怎么办？之前看到有人介绍了一个简单的小窍门：读书期间，手机退出微信登录。

都知道，人笨就要多读书。

世界上每天出版的新书超过 40 万种，一个人哪怕以每天一本书的速度不停读书，从 30 岁读到 70 岁，40 年能够读完的书也不到 15000 本。

像我这样的人，之前读书速度很慢，恨不得把每本都细嚼慢咽。我通常读完一本书的时间是一周，有时候懒癌发作，两三周读完也很寻常。

那么，以我这种读书速度，在有生之年能够读到的书，实在是太有限了。有时我会想，如果能够以数倍于现在的速度去读书，就可以在同样的时间里掌握数倍于现在的信息，这岂不是一桩快事？

上个月，有朋友建议我可以练练自己的阅读速度，还给我推荐了一本关于如何快速阅读的书籍。读完之后兴趣大增，于是干脆按图索骥，从网上找来一堆如何快速阅读的书籍来研究。

后来的战绩如何呢？

我利用国庆假期 7 天时间读完了 7 本书，其中包括 2 本英文书。

中文书每本的完成时间大概都在 2 个小时以内,英文书时间稍长点,大约 2.5~3 小时。

能够把书读完并不意味着你真正读懂了,我给自己的要求是,每本书读完后都输出一张思维导图读书笔记。

首先要说明一下,本文快速阅读中的"书"特指平时常见的实用型书,比如职场技巧类、学习工具类、实用方法类、专业参考类书籍等。我现在随便一眼朝房间里的书架扫过去,像《把时间当做朋友》《领导力 21 法则》《绝佳提问》《逆向管理》这些书大概就属于此类。

教材、小说和文学类书籍并不包括在类,这些书很多还是需要逐字逐句、精挑细读的。

| 开始快速阅读前,要掌握的几个要领 |

一、从心开始,先明确自己想要读什么书

这一步看似简单,实际上经常被大多数人忽视。

毫无目的地随便拿起一本书,很可能书中主题是你不感兴趣的。让你感觉索然无味的书哪怕只读 10 分钟,也是在浪费你的时间。只有怀着一个预先目的,读让你真正感兴趣的题材,你才能够把阅读坚持到最后,你在阅读过程中才能更高效、更有的放矢地吸取其中的信息。

怎么确保你对这本书感兴趣呢?

读书之前翻翻这本书的豆瓣介绍、了解一下作者的背景、扫读一下书中目录。如果打开书后 5 分钟之内看不到你感兴趣的东西,就干脆把书扔一边,等以后有兴趣了再回来读。

二、环境

有的人在闹市里也能读书。但是,对于像我这样的大多数人来说,安静的环境才能集中注意力,而这是阅读速度能够提升的前提条件。

现代环境中对我们最大的干扰因素莫过于手机了。以我自己为例，经常看着书就忍不住去刷微信，等想起该回来看书的时候，至少 30 分钟已经过去了。

时间有限，每天我们的时间除了花在读书上面，还有很多其他的事情需要去做。因此，更有必要确保花在读书上面的每一分钟都能够保质保量。

读书时老是忍不住刷微信怎么办？之前看到有人介绍了一个简单的小窍门：读书期间，手机退出微信登录。

三、姿势

找一个让自己舒服的地方，读书时挺胸抬头，双手捧书，这样，书正好在眼睛的斜下方。

挺胸抬头，这样，身体内脏不会受到压迫，有助于在长时间阅读过程中避免疲劳和不适；双手捧书，这个姿势中眼睛到书本的距离，让眼睛感觉最舒服。比如，调节好光源的位置和强度（自然光最好）、桌椅高度、把笔和笔记本放在自己伸手可及的地方等，都会提高你吸收信息的效率。

不可否认，有人会觉得像"葛优瘫"那样半躺在沙发或床上看书更舒服。但过度的舒适反倒容易让身体产生懈怠，长时间阅读后容易走神。

四、专注

即便周围环境安静，人也不可能一直长时间地保持专注读书。

我对自己做过测算，通常专注阅读 30 分钟之后就开始走神或者效率下降。表面上是在读，但是具体读到了什么自己也不知道。

"番茄工作法"为了帮助人们保持专注，把一件任务切分成以 25 分钟为一个单元，在 25 分钟内专注工作，每个单元之间给自己 5 分钟休息时间。

这个办法同样可以用于阅读。时间因人而异，可以 25 分钟，也可以 15 分钟，只要能保证自己在这段时间内保持专注即可。

我给自己定的单元长度是 30 分钟，每个单元之间休息 2 分钟。用这个办法，之前我在文章中引用的那本《逆向管理》，大概花了 3 个单元不到的时间便读完了。

五、休息

每个单元之间的时间用来做什么？休息！

阅读中最好的休息办法是远眺。眼睛保持了 30 分钟的专注阅读后会高度疲劳，远眺是放松眼睛的最好办法。当然，也可以做一些其它的不需要耗费眼力的事情，比如我有时候会起身去做 20 个俯卧撑、给自己倒杯水或者整理一下房间里的物品。

休息期间不能做的是看手机。原因很简单：如果你看手机的话，你很有可能再也放不下来了；其次，看手机只会让眼睛感觉更疲劳。

在具体的阅读过程中应该怎么做呢？

一、预览（5 分钟）

大多数人拿到一本书，会像我从前一样，草草看完目录后，就开始仔仔细细、一页一页地开始从头读。我们总是生怕会漏掉书中的任何重要内容。

但是，如果读书之前缺乏对书的整体把控，那么读着读着，就容易迷失自己，忘记书的内容结构，接下来基本上就是读到哪算哪了。以这种速度，一本书拖拖拉拉地读上几天或者几周，那也就很正常了。

快速阅读法要求我们把开始的 5 分钟花在预览书的封面、封底、扉页和目录上。

封面、封底和扉页一般有作者背景介绍、大咖推荐语以及作者本人对书的概述，目录则包括了书的全部内容和结构。

作者背景介绍能帮助你了解书的写作背景；作者概述和大咖推荐能让你迅速了解全书的重点和精华所在；目录则帮助你掌握书的

全部内容和结构安排。这样你可以在接下来的阅读中合理安排自己有限的时间和精力，做到有的放矢。

二、略读（5分钟）

接下来的5分钟应该略读。在这5分钟里，以一个比较快的速度把书从头翻到尾，同时把略读过程中扫瞄到的、自己感觉重点的地方用荧光笔或书签等做个标记。

略读的速度应该多快？《王者读书法》一书对略读有两个形象的比喻。略读就好比燕子掠过水面，不时地用尾巴点一下水面；又好比在广阔的海平面上方巡逻飞行的飞机，不时扫瞄下方水面出现的重要物体，比如轮船或火山。

略读的唯一目的，就是用最快的速度把全书扫一遍，同时大致标记书里重点内容的位置。

在略读过程中要重点关注书中出现的图表。要知道，图表中往往包含了数倍于文字的重要信息。

三、速读

在完成了预览和略读之后，就可以对书的正文开始速读了。

速度中最重要的就是要练习阅读时眼睛的移动速度。不擅长速读的人在读书时通常都是逐字逐句逐行阅读，其速度可想而知。

你刚开始练习速读的时候，可以用一个细长的辅助物（比如筷子）放在一行文字上，匀速移动，让自己的目光能够跟得上辅助物的移动速度。随着经验的积累，移动速度可以越来越快，直到你最终丢掉这个辅助物。

注意不要用手指，因为手指一般比较粗，会遮挡你对下方文字的视线。

一旦你习惯了速读，就可以丢掉辅助物，同时，尝试自己每次一目两行甚至三行的阅读能力。

你可能觉得这个有点夸张。但是，我认真地建议你试试。其实，我们很多时候在看一些休闲类文章时，可能一目十行都不止。刻意练习之后，我自己现在每次一目两三行读起来都很轻松了。

四、跳读

很多人在读书的时候恨不得逐字逐句去读。事实上，一本书你读得再细，也不可能掌握其所有内容。

网上有个著名的读书组织叫"拆书帮"。他们有句口号就是：读任何一本书，你只需要从中间学到三个知识点，并将其真正应用起来，就已经不容易了。

确实，假如你从平生读过的每本书中都学会了三点，那你到今天也可能成为一个牛人了。

所以，真的没有必要把一本书的每个文字、每个段落都仔仔细细读上一遍。

管理学中有个概念叫二八原则：一个组织中最重要的80%的工作可能是由20%的人员完成的。同样的，读书过程中也可以遵循二八原则，有舍有得。在前面略读已标记了重点的基础上，把自己最主要的精力放在那20%的重点上。

五、笔记

阅读过程中只有做笔记才能加深记忆。现在网上介绍有效做笔记的办法和工具也很多，印象笔记、思维导图、康奈尔笔记法等都是很强大的工具，在此不再赘述。

我自己的办法是喜欢用笔在书上边读边划边写。在书上随意写下的文字一定是要你当时的真实感受，不管用什么表达法都行，只要不去笼统地写句"好文"或"写得真好"这种废话。而要把你当时最真实的感受写出来。比如，"我之前在××事件上遇到过这个情况，我当时没有想到用这个办法。"

所以，尽可能大胆地去写你的真实感受，因为除了你自己，不会有人去看你标注的文字的。这样，下次你再回头翻书复习时，你可以很准确地复盘自己当时阅读的心路历程。

六、复习

阅读之后便是复习。如果你不在 9 小时以内复习你所阅读的内容，第二天你很可能把从这本书学到的东西忘得一干二净。

学习的内容在什么情况下被大脑记下来的比例最高？根据美国国家训练实验室的研究结果：实践可以帮助你记住学习内容的 75%，教授给他人可以让你记住 90%。

阅读也是一样，找机会把你读到的东西分享出去，教给他人，你的记忆效果会更佳！

世界500强
人力资源总监
管理手记

如何聪明地学习？

当我们说自己某些方面行或者不行的时候，我们其实是指已经很成功开发出来的以及尚待开发的潜力。假如我们在同一时刻对大脑两个半球的刺激越多，它们就能越有效地帮助我们：思考得更好、记忆得更多、回忆得更快。

周末刷朋友圈，发现好几个朋友不约而同地在晒读书，同时又在哀叹，说这些书自己已经买了一段时间，但就是找不出时间把它读完。正好，我周末在飞机上用2小时读完了《博赞学习技巧》，读完的结果立竿见影，现在把它分享给您。

本书作者东尼·博赞是个英国人，毕业于英属哥伦比亚大学，获得了心理学、英语语言学、数学和普通科学学位。

东尼为世人所熟知主要因为他是大脑和学习方面的专家，此外他还是世界脑力奥林匹克运动会的创始人。

| 学习定位 |

为什么很多时候我们雄心勃勃地制订一个读书或者学习计划，但最终都虎头蛇尾、不了了之呢？

原因在于大部分人都是东尼眼里"勉强的学习者"，换句话说，学习者更注重的是知识，而不是学习者本人。今天，我们处在一个知识信息爆炸的互联网时代，学习者该掌握的不是更多"硬知识"，而是应该有科学的处理知识和学习知识的新方法。

举个例子，在传统教育中，我们强调的是知识。学习者总是被包围在各种知识的海洋中，人总是处在一个被给予和被灌输的地位。在这种情况下，学习者会变得恐慌、沮丧乃至精疲力尽，最后的学习效率也可想而知。如图：

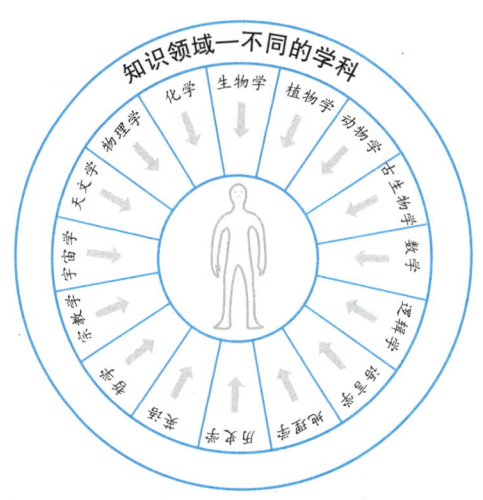

如果我们转变一个角度，把"强调知识"转变为"强调学习者"，也就是强调个人以及个人吸收信息和知识的方法，利用科学的方法去学习、思考、记忆、做笔记等，那么，前面的问题就迎刃而解了。如图：

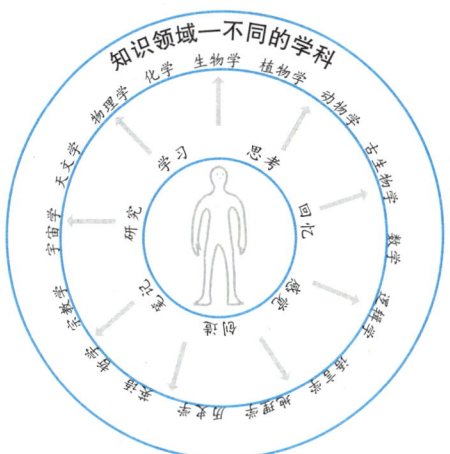

| 开发大脑 |

要掌握科学的学习方法,你就需要全面开发自己的大脑。

人有两个大脑——左脑和右脑。左脑处理逻辑、语言、数字和分析等信息;右脑处理节奏、色彩、空间、想象等信息。从传统教育中走出来的人大部分都是左脑发达,右脑开发欠缺。而那些天才,往往都是"全脑"发达的专家,比如,爱因斯坦的小提琴拉得很好,达芬奇在包括艺术、科学、建筑、物理学、天文学和航空学等各个领域都取得了非凡成就,乔布斯大学本科学的艺术专业给他后来的产品设计带来了灵感,等等。

所以,有人说,如果你的右脑得到像左脑那样的开发,你也会成为一个天才。当我们说自己某些方面行或者不行的时候,我们其实是指已经很成功开发出来的以及尚待开发的潜力。假如我们在同一时刻对大脑两个半球的刺激越多,它们就能越有效地帮助我们:思考得更好、记忆得更多、回忆得更快。

| 快速阅读 |

东尼的快速阅读技巧其实就是一种以学习本人者为主而不是知识为主的学习过程。

快速阅读的秘诀就是:用大脑去阅读,眼睛只是你在阅读时所使用的高级透镜。想象一下,我们在飞驰的火车上可以同时看到许多不同景象的地方,我们的眼睛可以在瞬间摄入多少信息,我们的大脑就能瞬间记住多少信息。那我们为什么不能把同样的技能用到阅读一本书上去呢?

一旦我们学会用大脑而不是双眼去阅读,你就能够同时从书中的整个段落和整个页面而不是逐字地吸收信息。而且,这样阅读,也会让眼睛更为轻松，因为它们不必再绷着肌肉工作。

有一次我和同事交流，说当我们静下心来实现快速阅读的时候，我们的眼睛可以达到一目两行、三行甚至数行的速度。一开始大家都不相信，后来试了几次之后，有人惊呼原来"一目十行"真的是有可能的。

| 重复的价值 |

如果没有复习，阅读的内容细节会在 24 小时后忘记 80%。新信息通常要在重复 5 次之后才会被转化为长期记忆，因此，要记住学过的东西，可以通过这样的"5 次"去复习：

阅读之后立即复习一次、1 天之后再复习一次、1 周之后再复习一次、1 月之后再复习一次、3 个月或 6 个月之后再复习一次。

| 思维导图 |

思维导图是东尼特别推崇的一个思维工具，可以用到阅读笔记、会议记录、思路整理等方面。

我们说话的时候一个字一个字地说出来，这是一种线性思维。但是，我们的大脑在接受外部信息时，并不是一个字一个字地吸收，而是作为一个整体来吸收、分类和理解。比如，我们听到的每一个字，我们都会把它结合到现有知识和周围文字的背景下考虑。

思维导图的发散性结构，恰似大脑细胞的连接方式。思维导图以一个中央图像为核心，通过各个分支，以关键词的形式，把信息从中心发散出去。这样的结果就是大脑在思维导图的帮助下开始自由联想，并且持续不断地联想下去。

如果在思维导图的每个分支再辅之以丰富的颜色、图像和线条变化，人的右脑就会被充分刺激和调动，这个时候，你甚至会有脑洞打开、停不下来的感觉。

最后，读完本书之后，在飞机着陆之前，我也是现学现用，找到书的一处空白页，用思维导图把周四晚上要做的一场关于长期激励话题的在线分享提纲给顺手画出来了。

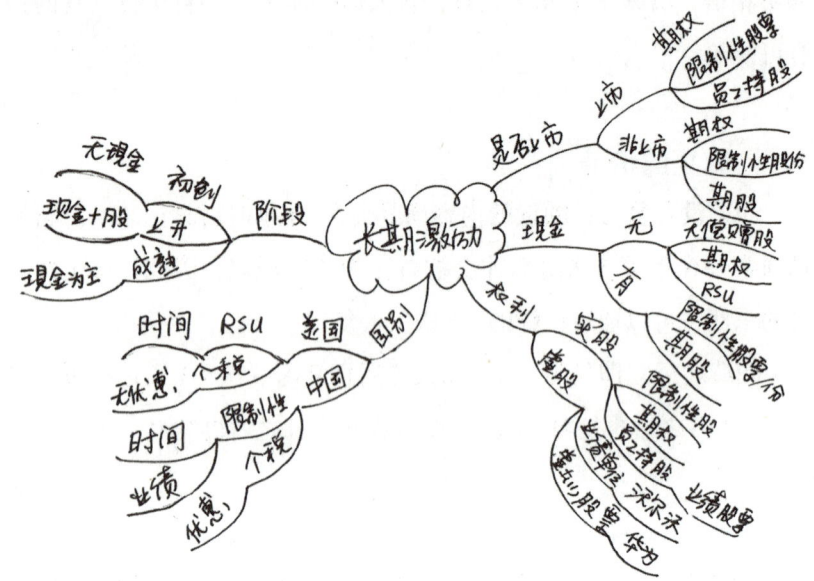

怎样用肢体语言去改变我们的思想？

若持续不停地 nudge 自己，你最终会成为自己想要成为的样子。

很多人在准备公开场合的演讲或自我介绍之前都会感到莫名的紧张，哪怕之前准备得再充分也一样。遇到这种情况，旁人往往会好心地安慰你说："别紧张，放松一些。"而事实上，这样的安慰起不到丝毫作用，可能反倒让你内心更加紧张了。遇到这种场景该怎么办？

哈佛商学院教授、社会心理学家艾米·卡蒂提供的答案是利用你的"存在力（Presence）"。

2012 年，艾米·卡蒂做了一次 TED 演讲，名为《用肢体语言塑造你自己，两分钟改变你的人生》。这次演讲改变了很多人的一生，并成为 TED 史上观看人数第二多的演讲，通过网络观看该视频的人数迄今超过 3300 万人。

TED 演讲成名之后，艾米·卡蒂再接再厉，于 2015 年出版了这本名为 Presence 的新书，详细阐述她关于肢体语言塑造思想的理论和试验。对于书中的"Presence"这个词，我倾向于把它理解成"存在的力量"或"当下的力量"，意思是：当我们面临一个有挑战的环境时，我们可以适时调整自己去适应这个环境，然后可以充满自信并随意自如地表达自我真实的思想、情感、价值观，同时展现出自我潜力的一种状态。

存在力不是一种永久和持续的状态，而可以随时发生，稍纵即逝。在一个人身上所具备的品质当中，人格魅力和存在力有点类似，但不同的是，人格魅力更多是天生的，而"存在力"可以后天培养。

怎么培养？每个人都可以做到，那就是通过你的肢体语言。

肢体语言影响思想

通常认为，人的思想和情绪决定了自身的肢体语言：当我们感到很有力量的时候，我们会自然地舒展身体、把双臂呈 V 字型伸向空中；当我们感到无力或怯弱的时候，我们会不自主地把身子蜷缩起来。但是，艾米·卡蒂通过大量的社会心理学实验和研究结果，告诉了我们一个与常识反其道而行之的事实：我们的肢体语言同样也会反过来影响我们的思想和情绪！

比如，通过伸展身体，我们能够感到更加有力量，存在力增加，有助于我们克服怯弱、躲避的心理，让人更加自信和勇于直面困境困难。这个结果是艾米·卡蒂和其他心理学家一起通过大量的实验得出的。下面这组试验便是其中之一。

一组采用一种"有力量"的坐姿或站姿，比如，把手插在腰上，做的时候双手抱在脑后，让身体尽量展开。

另一组是采用一种相反的、"无力量"的姿势，比如，把双手抱在胸前，把双脚盘起来。

让被试验者保持上述姿势两分钟后，对其进行测试，发现两组人身上的荷尔蒙发生了显著的变化：

1. 采用有力姿势的人，支配荷尔蒙含量上升了19%，压力荷尔蒙含量下降了 25%。

2. 采用无力姿势的人，支配荷尔蒙下降了 10%，压力荷尔蒙上升了 17%。

但凡那些优秀的、强有力的领导，他们身上的支配荷尔蒙含量都高于常人、压力荷尔蒙低于常人。

这个发现对我们到底有什么现实意义？

原来肢体语言可以反过来影响我们的思想和情绪。比如，下一次，在准备进入一场面试或发表一次重要演讲之前，你可以尝试保持几分钟的"有力的"站姿或坐姿（当然是找个周围无人的地方），这样来帮助自己增加自信、减轻压力；又比如，当我们哪天有不开心的时候，试着用牙齿咬着一支铅笔，强迫自己保持露出微笑的表情，也会帮助自己转瞬间减轻不开心的程度。

| **用自我助推建立长期习惯** |

如何让存在力可以长时间持久下去？艾米·卡蒂给我们的答案是通过 nudge。"nudge"这个词在英文里的意思就是"用肘轻推"。这里所说的 nudge 就是每次用一点点的力量来推动自己改变，小步快跑、聚沙成塔，小力量最后形成大惯性，从而最终达到实现长期宏伟目标的目的。

运用 nudge 的关键是着眼于过程，而不是结果。举个例子：很多人都会在新年许愿，希望自己在未来一年里完成一些很宏伟的目标，比如读完多少本书、写完多少篇文章。而现实是，最后这些目标都不了了之。原因何在？人们都太过重视结果，但是忽视了从现实到结果之间需要跨越的鸿沟和距离。

如果把目标设定得很宏大、很美好，实现这些目标的难度也往往容易让人望而却步，导致最后功败垂成。但是，如果人们不再过度关注目标，转而聚焦于自己当下的行为和实现结果所经历的每一步过程，我们就能够实现并不断巩固积极的改变。

正确的办法是制订计划完成好每一步过程。跑过全程马拉松的人都有这种体验，如果从起跑线就老想着到终点要全程跑完42公里，那估计你从第5公里开始就力不从心了。而经验老到的跑者都是以每5公里作为一个节点，每次努力完成一个节点，然后调整自己的步速、呼吸和补给，再进入下一节，直到42公里处的终点。

高效人士们喜爱的"番茄钟"，实质上也是一种nudge。番茄钟把任务分解成半小时左右，集中精力工作25分钟后休息5分钟，如此视作种一个"番茄"。哪怕工作没有完成，也要定时休息，然后再进入下一个番茄时间。番茄工作法的设定是考虑到——对庞大任务的恐惧和抗拒是导致拖延的重要原因，把注意力集中在"当下"，能帮助人更好地集中精力、摆脱过去失败的阴影和对"万一任务完不成"的焦虑。

同样的nudge办法也可以用在HR工作中的绩效管理上。越来越多的公司开始对绩效管理进行改革，把绩效"不合格"改名为"待改进"，同时在一年之中加大绩效反馈的频率，确保经理可以随时频繁地将员工当下的绩效结果反馈给其本人。研究发现，通过这些小小的改进动作，往往能够帮助员工绩效较以前发生更大的提升。这也是nudge所产生的神奇作用。

若持续不停地nudge自己，你最终会成为自己想要成为的样子。

艾米·卡蒂本人就是一个活生生的例子：她曾经是一名很优秀的大学生，智商极高，但是她在19岁时遭遇了一次车祸，头部严重受伤，经测试她的智商下降了两个标准差，后来被迫休学。就在别人都纷纷断言她无法再继续大学学业时，万般痛苦的她不服气，再次进入大学，用比别人更加疯狂的努力完成所有课程，进入硕士班。然而她很快发现自己真的追不上那些优秀的同学了。

在做某次重要 presentation 的前一天，她无比恐惧，然后去跟教授说要退学。教授看着她，很坚决地说："不！你不能退学，你留下。你装自信，一直装到底，装到你毕业那一天。"她接受了教授的建议，第二天的 presentation，她做到了。最终从大学顺利毕业，同时进入普林斯顿大学攻读博士学位，直到后来成为哈佛商学院教授。在她的整个职业生涯里，她就是每次这样自我 nudge，帮助自己克服每一次的困难，直到最后成功地站在了 TED 讲台上。

| 实用建议 |

下一次，当你面对一个有难度的场景时，比如做一场演讲或接受一次面试，你可以试试以下小贴士：

一、准备阶段

1. 找一个无人空间，比如电梯间、卫生间或楼道间，花几分钟让自己练习"有力的"姿势。

2. 在等待期间，不要埋头看手机，站起来或四处走动。

3. 如果无法找到合适的环境让自己实现"有力的"姿势，就臆想自己现在是摆出了一种最有力的姿势，让自己成为自我想象空间的一个超级英雄。

4. 如果你现在无法站立，只能保持坐姿，那就把双臂反手交叉在椅背后，这样强迫自己来扩展两肩和胸腔。

二、过程阶段

1. 坐直或站直，让双肩向后扩展。

2. 缓慢地深呼吸（当人把身体缩起来的时候是很难这样做的）。

3. 让自己的语速放缓、再放缓（不但让我们的身体通过扩展占据更多物理空间，也通过放慢语速，让我们的语言也能占据更大时间空间）。

4. 下巴微微抬起到水平位置，但是不要抬得过高，不要用鼻孔对着人。

三、保持习惯

1. 在手机上预设闹钟，随时提醒自己在一天中保持一个有力的坐姿或站姿。

2. 寻求朋友、家人或同事的帮助，让他们随时提醒自己。

3. 如果你每天使用手机时间较多，换用耳机接听电话，在通话的同时伸展身体。

4. 不要浪费身边的任何一次可以伸展身体的好机会，多参加健身、跑步、瑜伽或跳舞这样的活动。

高管跳槽成功的正确姿势

> 有效的领导者会直面这些风险和困难,在绝境中认识和承认自己的这种经历与感受,将这些经历当作自己领导力提升过程中高贵的一堂课,然后通过反思、学习和改进来提高自己的韧性和适应力。

前段时间,有个话题非常火爆,几位外企高管相继跳槽进入民企后因为水土不服而折戟沉沙,包括宝洁高管跳槽京东、亚马逊高管跳槽乐视等几个案例,在职场圈引起一场大讨论。那么,从外企跳槽民企所引发的类似话题,只是在中国独有的吗?在本来就是外企大本营的美国,也会遇到类似情况吗?

在美国,每年也会有大量高管跳槽,从一个大公司跳入另外一个知名度较低的公司担任要职。有的人成功了,有的人失败了。成功者如从谷歌副总裁位置跳到 Facebook 担任 COO 的桑德伯格,失败者如同样从谷歌副总裁位置跳到雅虎担任 CEO 的梅耶尔。

这些高管跳槽的案例中,为什么有的人会以失败告终?成功者背后有什么密码?

2016 年国庆假期,有空受 HR 转型突破工作室曾佳老师所托,校对一本领导力英文新书 *Leadership Passages* 的中文译稿。在读到本书大概三分之一的时候,我渐渐发现,针对上述问题,一个来自前所未有的角度的答案,开始越来越清晰地展现在我眼前。

世界 500 强
人力资源总监
管理手记

关于本书三位作者的一点背景：三位作者 David L.Dotlich、James L.Noel 和 Norman Walker 都曾在大公司担任要职，包括霍尼韦尔国际、通用电气、花旗集团、福特和诺华制药公司。他们现在的职业是担任企业顾问和主管发展顾问，也为 CEO 和其他高管们提供教练辅导。本书的素材，也是来源于他们平时和世界知名领导者在教练辅导中的深度接触。

有效领导力是什么？如何发展？

关于这个问题，100 个专家可能会给出 100 个不同的答案。所有答案中，大概一般都可以归结为下面两个阵营。

第一个阵营：领导力与价值观、心态和性格有关。有效的领导力就是要有敢于领导他人或团队的信念和热情，在正确的价值观指引下去做事情。

另一个阵营：领导力是技能，是行为，要想成为有效的领导者，就要学习和模仿优秀领导者的关键行为。很多公司开发出领导力模型，就是基于这个道理。

但是，本书突破了以往的传统观点，它认为领导力的关键在于：

1. 领导力不光包含工作方面，还延伸到领导者的私人生活领域。
2. 有效领导力不光能够在顺境中实现自我发展、推动成功，还要能在逆境中善于反思、精进提升。

没有哪个人永远是一帆风顺的。领导者也是人，和常人一样，在工作之外，他们也会随时面临私人生活方面的挑战，比如，疾病、事故、亲人过世、离婚、搬家、换工作等。这个过程也会给他们带来灾难和痛苦。于是，再坚强的领导者也会变得脆弱，甚至面临自我怀疑或自我否定的风险。

有效的领导者会直面这些风险和困难，在绝境中认识和承认自己的这种经历与感受，将这些经历当作自己领导力提升过程中宝贵的一堂课，然后通过反思、学习和改进来提高自己的韧性和适应力。

乔布斯就是一个典型的从逆境中重生的人物。在《成为乔布斯——从一名粗俗暴发户成为卓越领导》一书中，作者写到，正是乔布斯之前在苹果领导力方面的失败，导致他被自己雇佣的 CEO 扫地出门。在后来创立 NEXT 电脑公司和投资 Pixar 动画公司过程中，乔布斯深刻反思了自己在苹果失败的教训，重新改进了自己的领导力方式，最后强势回归苹果，获得了巨大成功。

回到上面跳槽后遭遇失败的高管话题，类似案例在美国并不鲜见，只不过，在美国没有外企和民企之分，更典型的是从一个大公司跳入另一个规模较小的公司。通用电气（GE）前副总裁纳德利在竞争本公司 CEO 职位失利之后，进入另外一家规模较小的公司家得宝（Home Depot）担任 CEO 就面临了一系列重大困难。纳德利到了家得宝之后，试图使用在通用电气时的策略解决家得宝出现的问题。然而他没有预料到，这样强硬实施的举措激怒一些家得宝的老员工，最后导致失败。

和中国的类似案例相比，GE 更像是中国的那些大外企，而民营企业更像是美国的那些中小企业。像 GE 这样的大公司，都有非常强大的企业文化，员工从入职第一天就会被充分融入公司文化中。在员工以后的雇佣生命周期中，他们还随时会通过一定的工作流程、系统、控制、工具和技术不断接受公司文化的灌输和熏陶。

所以，从这种强文化公司走出来的人，很容易以过去的个人成绩为自豪，把过去的思维惯性带入新工作，认为自己在新公司遇到的问题在以前就已经早已有答案。"我曾经就是这么来处理问题的"，这是一种常见思维。但是，他们忽略了一点，在以前公司的成功，除了个人努力之外，还会依赖于两大因素：他们深刻理解前公司的文化，尤其是那些没有明文规定的潜规则部分；他们已经建立了强大的人际网络，可以方便地获取信息、创意、信息、资金、人员等资源。

而当他们进入新公司的第一天起，他们赖以成功的这两大优势便丧失了。在新公司重新建立起来这两大优势是需要耗时耗力的，假如没有这些资源，即便是最精明的领导者也会举步维艰。

上面案例中的纳德利就是没有充分认识到家得宝公司的企业文化，没有建立起强大的人际网络，从而最终陷入困境。

那么，解决了意识层面的问题，接下来在战术层面如何确保自己可以在新公司取得成功呢？三位作者总结了领导者进入新公司常犯的十大文化错误，并建议每一个跳槽者可以将其作为一个自检清单，随时提醒自己是否在新工作、新环境中具备了正确的行为和态度。

1. 过于脱离客户、同事和市场。
2. 撒网太大、操之过急。
3. 对表现抱有不切实际的期待。
4. 带有先入为主的"答案"。
5. 不能建立良好的信息渠道和公司政治智商。
6. 不能和上司合拍或分不清上司任务的优先级。
7. 行动不够迅速。
8. 面对阻力无所适从。
9. 在从一个阶段过渡到另一个阶段时没有意识到两者间的差别。
10. 无法理解新公司做事的"潜规则"。

在做好自检的基础上，便可以参考下列五个步骤来迎接挑战、渡过难关。

一、确定你的经验和公司目标之间的差距

在招聘过程中，公司高层或者招聘人员向你描述的工作职责或工作目标可能和实际不符。你需要做的是确定两者之间的差距，确

定你需要做什么来弥补这个差距。完成这项工作的预算够吗？人手够吗？你进行变革的真正授权有哪些？你的工作背景和技能是不是远远达不到公司的期望？

二、关注你的上司，学习准确领会他的意图

加入新公司时，上司有可能成为你的生命线，决定你要学习的东西。如果你处于困境中，和上司谈谈为什么会这样。不要试图用你的观点和经历打动上司，倾听他或她对你的要求和他或她认为你该怎么实现这个要求。最重要的是，要认识到你的上司也有自己的优先事件和领导日程，并帮他完成目标。

三、建立一个在组织内部四通八达的人际网络

不论你有多聪明或有多少经验，都无法独自度过这个阶段。人际网络不仅会帮助你完成工作，还会带给你大量的学习机会。

四、亲身体会和判断公司文化

不要听信关于新公司的小道消息，也不要完全相信自己读过的关于新公司的信息（或者招聘人员告诉你的信息）。如果听信这些，你可能会做出错误的假定。很多高管都因为傲慢地认为自己已经"了解"了新公司，但实际上却没有花时间思考公司的真实情况而导致失败。反思、和别人交流，然后体会和判断公司真实的文化是怎样的。快速建立洞察力和信息来源，尤其是关于公司文化方面的信息来源，这些决定了新领导者是否能够取得成功。

五、给自己想实现的目标定一个时间计划

新员工刚入职时，都先处于试用期阶段。虽然上司在这个阶段不会对你有过高的期待，但他们也会希望你在一段合理的时间后有所表现。所以，你要确定需要做什么，确定你展示学习成果和业绩的最佳时期。

职场随想篇

不要再相信碎片化学习的鬼话，
先从搭建知识体系开始

职场随想篇

> 进行知识碎片化学习的前提是具备自己的知识体系。就像建房子一样，先把知识的框架和大梁（体系）建起来，然后再去想办法给它添砖加瓦（碎片化）。

一位读者给我留言："工作快 4 年了，没有做出啥成绩，感觉还是小白一个，目前的岗位就是未来被 AI（人工智能）取代的岗位。现在除了网上听课，看文章，不知道怎么提升自己的能力！"

不光是职场小白，估计这个问题在很多人之中都存在一定代表性。尤其是两周前我们一群人还听了一场关于人工智能的分享，亲自体会到了未来人工智能可能替代人事（也包括其他如财务、IT、生产等领域）从业人员的发展趋势。于是，很多人都开始产生了一种焦虑感，不知道自己该如何来应对这种快速变化的世界。到底该在哪些方面提升自己？该如何提升？

| 先搭知识体系，再碎片化学习 |

现在听得最多的一个说法就是知识碎片化。互联网让曾经高大上的知识变得更加亲民化。过去要花不菲的价钱才能走进课堂学习一门课，今天，通过各种文章、视频和音频，花不了多少代价就可以随时随地接触到很多有价值的东西。

但是，要提升个人能力，碎片化学习是正确的学习方式吗？答案是否定的，如果你基础不够扎实，碎片化学习只会有害无益。

碎片化学习的特点是知识点都是分散的，它以容易让人接受的形式呈现在你面前，让你误以为自己短时间就能迅速掌握这个知识点。殊不知，知识都是成体系的，东一榔头、西一棒槌吸收过来的东西是搭建不起一个完整体系的。分散学习的每个知识点，最后只会难以把它们全部按照一个整体串起来。而且，没有体系支撑，碎片化的东西，学起来快，忘起来也快，最后发现花在"学习"上的时间都白费了。

进行知识碎片化学习的前提是具备自己的知识体系。就像建房子一样，先把知识的框架和大梁（体系）建起来，然后再去想办法给它添砖加瓦（碎片化）。

搭建知识体系的办法很多。如果是小白，我的建议是读书，这也是最简单易行的办法。如果你不是科班出身，就从找来这个专题的经典教材开始读起。我个人喜欢读西方经典的大学教材，这些书的作者都是领域内的大牛，而且教材通常言简意赅、通俗易懂。

比如，你想学营销，就找机械工业出版社的高等院校专业引进版丛书《消费者心理学》来读；如果你想学人力资源，就找中国人民大学出版社的工商管理经典教材丛书《人力资源管理基础》来读；如果你还想学习英文，就把这些教材的原版英文找来读。

读完教材之后，下一步就可以按主题，通过网站再去找来相关的书籍，集中地做主题阅读。此外，我个人经验是：如果我对某个领域比较感兴趣，我会关注该领域自己信得过的某个朋友或大牛荐书，他们的荐书我会毫不犹豫地找来阅读。

| 从干好手头的工作开始 |

4 年已经是一个不短的时间，不知道前面提问的这位朋友，有没有花时间来仔细审视和总结一下自己现在所做的工作？

既然现在 AI 还没有取代这份工作，那就代表着它还有不被替代的价值。可以先总结一下自己的工作财富，哪怕是最基础的岗位，也照样有很多办法挖掘出很好的财富来。

比如，可以这样问自己：能否统计一个长期的代表这份工作的数据？通过数据呈现的趋势，能否进一步深挖我怎样才能把这份工作做得更好？什么情况下出问题了？有没有可能建立一套体系来一劳永逸地解决这个问题？等等。

我有一个深刻的亲身经历：记得刚开始第一份工作没多久，就负责了业务部门的年度调薪。老板每天扔给我一大堆表格，里面有上千名员工的数据，让我汇总、整理。于是，我每天用自己的一套办法哼哧哼哧地忙得不亦乐乎。尽管每次都花很长时间才把表格搞定，但基本上都能按老板要求准时交卷。

有一天，一个其他部门的同事过来闲聊，偶然问起我每天都在忙啥，我就向她开始吐槽。听完她就笑了，说了一句话我至今记得："如果你的工作做到让你很无聊，一定是你的方法不对，因为你没有想过怎么可以让它做得更好。"她仔细琢磨了一下我的工作，现场交给我几个快捷办法，噼里啪啦，用了 5 分钟不到就把我平时要折腾一个小时的工作搞定了。

这件事给我的教训就是：在没有找到更好的办法来完成你手头的工作之前，不要轻言放弃。如果每天 8 小时一直做的事情都干不好的话，那其他时候能学到什么新花样的可能性也不大了。

| 先学"道"，再学"术" |

听到一位正在创业的朋友感慨："我创业以后最大的感悟就是

以前自己太浅薄了。时间管理、逻辑思维、学习方法、哲学这些基础性的方面没有思考打磨，术用得再多，高度都不够。"

什么是道？对于行走职场的人来说，简单讲就是为人之道、做事之道、学习之道。"道"的重要性远超过"术"，把深层次的方法论问题解决了，技巧性的东西随时都可以学会。我们平时招人，业务知识和岗位技能（术）懂得再多，假如情商不高，不擅于与人沟通和团队合作（道），这样的人也是无法在公司里站住脚的。

如何去学会"道"？根据我的个人体验，最多快好省的办法就是向别人学习，向身边每一个人学习。正如世界上没有两片树叶是完全一样的，你遇到的每一个人也一定有他独特的、值得你虚心学习的地方。

在《下一个倒下的会不会是华为》一书中，作者写道：任正非鼓励公司管理者要敢于用一杯咖啡，与世界上的各色人物碰撞思想。地球村就是一个开放式大学，处处有学问。为什么是咖啡？这里是一个形象的说法，是指会议中间休息时，端杯咖啡到处转，不知道你会碰到什么人，交流几句，然后碰撞出思想的火花。

我实习时遇到的第一个直线老板也是一个善于向别人学习的人。用她自己的话来说，她是把自己当作了一个海绵，随时随地吸取身边每一个人身上值得学习的东西。正是靠着这样一股学习劲儿，她从公司最基层的文员一路干到了某著名国际投行亚洲区人力资源副总裁。

什么样的 HR 认证课程值得推荐？

> 学习北美的人力资源实践，可以帮助你更好地理解这些跨国公司决策背后的考虑和出发点，反过来有利于培养中国 HR 们的全球化思维能力。

我曾经遇到过一些朋友，有来自 HR 行业内的也有行业外的，许多都会跟我探讨一个问题：要不要考一个 HR 职业证书？如果需要的话，有什么课程值得推荐？

在过去的三天里，我放弃了假期，和一群来自各行各业的 HR 们参加了在上海举办的加拿大特许人力资源职业资格（CPHR，Chartered Professionals in Human Resources）课程学习。所以，正好可以结合一下自己的职业经历和学习感受，谈谈我对这类课程的认识。

因为我之前在美国干过 5 年 HR，当时也接受过相关的社会外训和公司内训。我发现，这次加拿大课程的学习内容和美国同类课程的相似度高达 90% 以上。所以，不妨暂且把加拿大和美国的都归为一类——北美课程。

总的来说，北美的 HR 课程和中国相比，有一些明显的不同之处。

HR 认证课程类别

今天中国市场上有各种各样的 HR 认证证书，名目繁多，包括国家认证的人力资源管理师，以及各家机构自己认证的人力资源师等。美国也比较类似，不过在所有的 HR 认证类中，通用类 HR 的认证资格是比较权威的，有美国人力资源认证协会（HRCI）认证的：人力资源管理专家（Professional in Human Resources, PHR）；资深人力资源管理专家（Senior Professional in Human Resources, SPHR）；全球人力资源管理专家（Global Professional in Human Resources, GPHR）。

专业的 HR 认证中，培训与发展方向有人才发展协会（ATD，前身为美国培训与发展协会）主办的培训师认证；薪酬福利方向有世界薪酬协会（WorldatWork）主办的薪酬专家（CCP）和全球薪酬专家（GRP）等。

假如你在美国申请一家公司的 HR 职位，拥有上述证书而被录取的几率会大大高于没有证书的人。实际上，很多公司在招聘公告里也会明确告知，拥有这类证书的候选人在同等条件下会被优先考虑。相比之下，中国国内的很多人力资源职业认证的被接受度就逊色多了。至少我目前在国内还没有看到哪家大公司把 HR 资格证书当作优先录取条件的。

课程内容设置

那么，北美这些认证课程的内容到底是如何设置的呢？

除了这次的加拿大 CPHR 课程，我之前在美国也学过 PHR 和 CCP 课程。我发现，北美这类课程特别善于帮你搭建起一个完整的 HR 知识框架，展示出一个完整的、从初级到高级所需掌握的 HR 知识全景路线图。

我们平时在工作中，通过实战接触到的 HR 知识都是以各种碎片化的形式积累下来的。假如这些实战经验能够和成体系的理论结合在一起，那将大大加快知识内化的过程。

比如，CPHR 课程就是按下列九大模块来设置的：人力资源战略、人力资源人员职责与定位、员工敬业度、人员配置和人才管理、劳工关系、整体薪酬、学习与发展、健康与安全、人力资源的数字化管理。

另一方面，北美这些课程的很多讲师本身都是实战经验丰富的 HR 资深人员，他们结合自己的实际经历，再把理论讲解出来，完全是举重若轻的感觉。

比如，这次上课的两位老师，都是来自加拿大的前 HR 资深人士，其中一位讲师先后在加拿大劳工主管政府部门和学术机构任职多年；另一位讲师则来自商界，退休之前担任过某跨国金融机构的 HRVP。

| 中国和北美的 HR 实践差异 |

应该说，中国和北美在 HR 实践上还是有很大差异的。很多在北美已经成功的实践并不能原封不动地搬到中国来。在所有的差异领域之中，我觉得差异最大的在劳动法律法规领域。

虽然今天中国的劳动保护已非常完善，企业违反劳动法带来的经济和法律后果都很严重。但是，和北美相比，简直就是天上地下。

北美的劳动保护覆盖了人员招聘、薪酬福利、健康安全、劳资关系等几乎所有的人力资源领域。再加上北美本来就是一个移民社会，非常强调各种族之间的平等和融合，所以很多法律法规背后都体现了尊重个人、维护平等、杜绝歧视的精神。

比如，北美很多公司的 HR 职能下都有一个部门叫多元化与包容性部门。这个部门就是要确保所有员工不会因为性别、年龄、种族、信仰甚至性取向等差异而受到公司或经理的区别对待，从而让公司避免违法的风险。

再比如，之前工作过的两家美国公司，在北美地区招聘时，都设有一个硬指标来确保第一轮筛选的候选人的多元化，即背景是非男性白人的候选人必须占候选人总人数的至少三分之一。至于国内常见的在招聘广告中限定候选人年龄和性别这类事情，在北美完全就是违法行为。

既然中国和北美之间有这些不同的 HR 实践，那么，哪些 HR 从业者尤其适合学习像加拿大 CPHR 这样的课程呢？

我觉得有三类人员可以考虑。

第一种是刚入职场不久的新人。这类人需要先搭建起自己完善的 HR 知识体系，这样才能更好地规划自己的职业发展路径。北美课程使用的是类似北美大学教科书一样的 HR 教材，可以确保你学到的东西都是正本清源，少走弯路。

第二种是那些将来可能去北美工作的中国 HR 们。随着越来越多的中国企业开始在北美投资建厂，越来越多的中国 HR 也被派往当地工作。学习这类课程，可以帮助你更接北美当地的地气，更容易帮助公司实现管理的落地。

第三种是那些身处中国但在来自北美的外企中工作的 HR 们。中国有不少外企只是北美母公司在本区域的一个链条，负责执行来自北美总部的决策，但是相对较少有机会参与到这些决策的制订过程中去。而学习北美的人力资源实践，可以帮助你更好地理解这些跨国公司决策背后的考虑和出发点，反过来有利于培养中国 HR 们的全球化思维能力。

HR 的责任止于何处？

最重要的，是需要从两个角度来考虑问题：首先是"合理"，其次是"合情"。

职场随想篇

华为高管魏延政患重病辞世，网上一片对华为的声讨之声。我所看到的大部分评论都在说，无论是华为给魏的经济补偿，还是在其患病后解除劳动合同的做法，都表现得非常无情，甚至有人评论说华为的做法是"有狼性，无人性"。

一家公司的员工薪酬福利政策出自 HR 之手，在这个话题上指责公司做得不够，其实也就是在骂 HR。从员工个人角度，遇到这类不幸事件的概率比较低；对于公司 HR 而言，尤其是一些员工众多的公司，遇到这种事儿就是大概率了。

出事的时候，HR 往往被推到风口浪尖。如果严格按照公司制度执行，其他员工从感情上无法接受；如果做得过了头，公司这边又无法交代。那么，HR 的责任究竟应该止于何处？做多少才算做到位？

回顾自己的职业生涯，也曾遇到过类似案例。话说这种事跟薪酬、招聘或绩效等 HR 传统模块相比，没有太多理论或先例可循，要想处理好是相当考验 HR 能力和智慧的。这里谈谈个人的一些看法。

最重要的，是需要从两个角度来考虑问题：首先是"合理"，其次是"合情"。

| 合理 |

从劳动法的角度来看，华为在本案例中的做法完全合法合理。在魏延政检查出重病之后，华为的做法总结起来大致有这几点：

1. 劳动合同顺延至医疗期结束之后。
2. 通过大病商业保险支付了 20 万元。
3. 按照员工就职年限和当地平均工资支付了 4000×（N+1）的经济补偿。

以上做法都是在劳动法框架内能够给予员工的最大限度补偿，甚至在某些地方超过了劳动法要求的基本标准。

我们可以就以上三点逐一检验：

1. 企业有权在员工医疗期结束，且员工身体状况无法继续从事原工作的情况下，与员工解除劳动合同。
2. 不是每个企业都会给员工购买大病商业保险，一般只有经济实力较强而且注重雇主品牌建设的公司才会这么做。
3. 经济补偿的法定标准不能低于当地最低工资的 80%，华为从高适用了当地平均工资标准。

综上所述，华为的做法合法合规、无可厚非。企业本来不是开慈善机构的，也需要赚钱。从经营的角度来看，如果 HR 不能有效地控制公司的人力成本，企业在实现经营目标方面将会面临巨大困难。因此，任何一个公司的 HR 都不会轻易地开这个口子。

| 合情 |

不过，在中国做生意，如果你认为"合理"做到位就足够了的话，你就想得太简单了。

像华为这种大公司出现魏延政这样的案例时，围观群众通常不会去看你做得是不是合理。大家会很自然地认为，你是大公司，员工出事情了你就得负责到底。平时需要员工奉献的时候，你号召别人要有奋斗者的精神，现在别人需要帮助了，你也不能撒手不管，这个时候你更应该体现出"以奋斗者为本"的公司文化和价值观。

出现这种情况的时候，HR夹在中间其实是很难做的：一方面，HR扮演的一个角色应该是成为"员工后盾"，即在管理层面前HR必须要代表员工利益，积极为员工争取利益。尤其是，很多公司现在都在打造雇主品牌，HR更有责任随时随地提升员工在公司中的就职体验；另一方面，我们说HR也要做业务伙伴，换句话说，就是帮助企业实现业务经营目标。如果你对员工提供的薪酬福利过了头，员工倒是满意了，但是公司运营成本增加了，经营目标达不到，损害的是公司的长期利益。

面临这种矛盾该怎么办呢？这里就要考虑另外一个手段——"合情"。

互联网时代，成功的产品往往不是产品最终用处有多大，而是过程体验让人满意。这是一个体验经济的时代，此原则对HR管理同样适用。处理类似本案例的员工问题，大的管理原则大家都懂，但是更能影响大家感受的是处理过程如何。HR在处理手法中有没有体现出人情味。

我曾经经历过一个案例：一名员工患重病，为了最大限度帮助员工和家属渡过难关，公司在正常社保和商保之外，还动用了其他办法。比如，在员工患病之初，管理层人员亲自上阵，积极发动包括全员甚至供应商在内的人脉关系，为员工寻找本地最好的主治医师；HR 和工会代表公司定期前往医院探视病人；工会发动全体员工为该同事捐款；该员工家人从外地前来时，公司积极安排交通和住宿；等等。

后来，公司的这些做法都受到了其他员工的认可。

| 健全体系 |

在"合理"和"合情"之外，不要忘了 HR 的基本职责之一就是帮助公司建立完善的员工福利保障体系。完善的标准是既能够帮助公司合理控制成本，又能真正为员工带来高的满意度。

根据个人经验，要建立一套能够让公司和员工双方都满意的福利体系，包括以下做法：

一、社保为主、商保补充

一般稍具实力的企业在缴纳员工社会保险之外，通常还提供医疗、意外和人身的商业保险，作为社保的补充。这样，员工在遇到重大疾病或意外事故时，可以先使用社保部分，再用补充保险，如此可以达到保险保障的最大化。华为的上述做法正是如此。

另外，有越来越多的企业在传统福利手段之外，开始为员工提供弹性福利。所谓弹性，就是指在企业为员工提供的福利菜单（一般通过积分形式）中，员工有弹性来自主选择最适合自己的福利项目。好处是企业可以控制总成本，同时又让投入的每一分钱实现价值最大化，提高了员工对福利政策的满意度。

企业年金也是很多企业开始为员工提供的额外保障。企业在员工正常法定的养老保险基础上，另外调动一部分资金为员工提供补充养老保险。这笔钱进入员工个人账户，发放时可以抵扣员工个人应纳所得税，员工在退休支取时再缴纳个人所得税。

二、方式灵活

同样是在员工身上花钱，很多时候花同样的钱，但是采用的方式不同，给员工带来的体验和满意度会大不相同。比如，发500块钱购物卡和安排员工接受一次价值500块的年度体检，员工对后者明显满意度更高。

三、关爱体系

员工遭受非因公原因的疾病或其他意外，全部指望企业来承担成本是不现实的。故可以考虑建立起一套包括工会、党委等员工群体在内的关爱体系。这样，在需要的时候，各方都能够伸出援手，无论是物质上还是精神上，也有助于缓解员工压力。

四、沟通

沟通、沟通、再沟通。很多公司为员工提供了各种福利政策，但是除了最常见的几个项目之外，大多数项目一般员工平时也不太会碰上，因此大部分人对此也不了解。没出问题还好，出了问题就引来各种责难和猜疑，殊不知很多时候员工是在对公司福利体系一知半解的情况下做出的轻率断言。

我刚开始做薪酬工作的时候，当时老板有句话让我铭记至今。他说：评价一个公司的薪酬工作做得好与不好的标准，就是随便找一个员工，看他能不能讲清楚自己的工资和奖金是如何决定的。

我想，同样的标准也可以用到福利政策上。评价一个公司HR的福利工作是不是做得到位，就是随便在公司内部找一个员工，看看他能不能把自己可以享受的福利解释清楚。

世界 500 强
人力资源总监
管理手记

动荡时期的 HR 应该做些啥？

HR 不但不能参与到小道消息的讨论中，还需要在关键时刻站出来，努力弘扬正能量。而坚守职业操守的另一表现就是，不管外界如何变化，保证工作不受外界任何干扰地照常推进。

　　清晨，正一筹莫展地堵在上班路上，收到前任老板发来的非常关切的一条短信："听说公司某某也离开了，你的挑战很大啊！希望一切顺利。"

　　这条短信源于最近公司两位业务部门老大相继因个人职业选择原因离职。两位都是在业内德高望重的人物，同时也都是在过去几年和我并肩作战的亲密业务伙伴。平常因为和两位业务老大在工作中形成了高度默契，所以过去几年中我手头的工作也做得顺风顺水。平常很多重大问题的讨论，我们有时一个微信或一个电话就解决了。他们两位对公司的 HR 工作也很关心，大家经常有空就在一起商量、探讨，而我也经常从这种讨论中获得新的工作思路和办法。

　　虽说"铁打的营盘流水的兵""公司不是家""职业经理人就应该有职业精神"这样的话让人耳熟能详，但是人毕竟是感情动物，尤其是和自己最重要的两位业务伙伴长期合作，也已非常适应了和他们在一起的快速工作节奏。现在他们突然离开公司，对我来说，一时半会儿还真是有点适应不过来了。

业务领导换人，在外人看来不过是一个公司正常的人事变化。而这类变化往往带来的是人事局面暂时的"动荡"。大部分公司可能会面临的一种状况是，有员工可能会选择追随前任领导而离开；而留下的人呢？也可能因为对新任领导做事风格的不熟悉而选择观望；前任领导主推的某些工作可能会面临搁浅甚至取消，某些正常进行的工作可能会突然改变方向；等等。如果真的发生这样的"动荡"，对公司来说无疑是个坏消息。

所以，在过去几天，我一直在思考一个问题：一个处于"动荡"时期的 HR 到底应该做些啥？

首先，HR 和财务，在企业里一个管人心、一个管钱财，分别是企业 CEO 的左膀右臂，也是一个企业的两大定海神针。我一直认为，HR 应该是企业良心之所在，越是在这种动荡的时候，越要坚持好自己的职业操守底线。动荡时期，容易出现小道消息满天飞。大家在这个时候往往都会把目光投向 HR，你的一举一动、一言一行会让别人解读出不同的重要信息。

所以，这个时候，HR 不但不能参与到这种小道消息的讨论中，还需要在关键时刻站出来，努力弘扬正能量。而坚守职业操守的另一表现就是，不管外界如何变化，保证工作不受外界任何干扰地照常推进。这段时间的工作，若干年后再来回顾，需要对得起 HR 这份职业、经得起时间的检验。

其次，加强沟通。尤其是在这个时期，没有任何沟通是多余的。和员工、管理层的充分沟通必不可少。越是在这种特殊时期，就越应该倾听员工的声音。多和员工互动，尤其多和老员工互动，然后尽可能地把员工的心声传导到领导层。鼓励老员工在平时工作中起到表率作用，同时鼓励管理层开展和员工的坦诚对话，尽可能消除双方存在的信息不对称。

另外，如果公司存在管理层的新老交替，而新面孔来自公司外部的话，HR也有义务站出来，积极主动地帮助新领导熟悉公司的组织和人员情况，以便他们早日完成过渡期而开始正常工作。

当然，最重要的一点，对于HR而言，要应付好动荡时期的局面，最好的办法是不要等到情况发生了再临时抱佛脚。俗话说"养兵千日，用兵一时"。很多公司平时大张旗鼓做人才盘点和继任人计划，其目标就是识别公司现有人才，同时通过外部招聘预案和内部发展计划，来为关键目标岗位准备短期和长期的潜在继任人。特别地，当发生不可预见的关键人员更替时，公司完全可以凭借之前的应对计划，胸有成竹地通过后备人才完成平稳过渡。这些项目平时在很多业务部门眼里看来不过是走走形式，但在关键的时候便体现出它的价值了。

比如，现在我们每年都会做一轮人才盘点和继任人计划。作为项目的跟进计划，会对每个关键岗位人选及他们的潜在候选人进行绩效和潜力测评。尤其是潜力，为了确保专业性，我们还聘用了专业的外部测评机构。所以，当出现这种组织变化时，我们至少可以拿着这样一张"人才地图"来按图索骥。

如果把目光放得再长远些来看现在发生的一切，不论是什么变化，既是挑战，也是机遇。利用好这个机会可以帮助企业实现人才工作的更新换代，以更好应对市场接下来的更大挑战。而对于身处其中的HR来说，有过这样的经历，成功地帮助组织完成过渡期，也会最终成为自己一笔宝贵的人生财富。

每个 HR 都应该看看特朗普的《学徒》
——学习商业的最基本要素

> 在看似简单的一个又一个商业任务中,每一个人在销售、市场、服务、沟通、管理和领导力方面的智慧、才能和潜力都可以一览无遗和充分发挥。

2006 年夏天,我在美国研究生毕业之后,进入一家公司开始了自己的第一份全职 HR 工作。那时候工作还算能够对付,也没有那么多加班。所以,每天下班之后,无聊之极,不是找人打球,就是猫在房间里从网上搜一些美剧看。

一次偶然的机会,看到了美国全国广播公司(NBC)的一档真人秀电视节目 The Apprentice,中文译作《学徒》或《飞黄腾达》。

第 1 集才看了不到一半,我就被吸引住了,当即决定一路把它看下去。后来我一直下载了全部 5 季、每季约 20 集(当时节目只播到 5 季)。在这个节目中,我第一次认识到了一个叫 Donald Trump(唐纳德·特朗普)的纽约地产巨贾。据说此人出身房地产世家,经历过几次惨痛的破产,但毫不气馁,东山再起,一路成为了纽约最成功的一家房地产商人。

他的故事,简直就是一个面临绝境毫不放弃,而最后逆转成功的创业英雄励志案例。这个节目是 NBC 为特朗普量身打造的。每季节目都从全美国招聘十几名年轻人。这些人通常具备两个特点:第一,颜值超高,个个都是可以登上模特杂志封面的帅哥美女;第二,商业智商过人,有从零起家创业成功的小老板,也有从哈佛商学院毕业进入高盛或麦肯锡工作的高材生。

特朗普老板在每期节目中都会为这群年轻人制订一个任务,然后让他们自行组队,通过团队和个人的PK,每期淘汰一人。一个季度下来,最后留下的那个幸运儿,则将被特朗普以高达25万美金的年薪聘用,进入他的一家项目公司担任总裁,并成为他的"学徒"。

节目里的任务很简单,可能是为某客户设计一个广告,也可能是组织一场慈善高尔夫赛,甚至在某一期节目里,把所有人分成两组,顶着烈日到纽约街头给游客蹬三轮车,最后看谁的收入最多。每件任务中,这些年轻人都需要自己成立项目小组、推选项目经理、制订项目规划和组织项目实施。

在看似简单的一个又一个商业任务中,每一个人在销售、市场、服务、沟通、管理和领导力方面的智慧、才能和潜力都可以一览无遗和充分发挥。

最惊心动魄的一刻往往出现在每集最后,所有人进入一间封闭的、灯光昏暗的大会议室,接受特朗普和他的两个助手不留情面的犀利点评(头几季出现的助手都是他公司高管,后面几季被换成他的帅哥儿子Trump Jr.和美女女儿Ivanka)。

会议室里,每个人为了不让自己被淘汰,互相唇枪舌剑、针锋相对,会议室仿佛成了战场,硝烟弥漫。特朗普老板则会对每个人的表现优点和缺点逐一做精辟点评。每次在点评结束之后,就会手指一个倒霉蛋,冷酷地说出那句经典之语:"You are fired(你被解雇了)。"然后,被淘汰的人收拾行李下楼出门走人,其余的人继续进入下一轮厮杀。当时看这个节目给我带来几个收获:

第一,英语听力得到飞速提高。要知道,里面这些人说话都是语速超快,尤其是每每在会议室里上演辩论大战的时候。

第二，我喜欢商业，这个节目让我近距离地接触了关于商业的方方面面：项目管理、市场营销、产品销售、团队领导、沟通谈判，等等。

第三，每次看完节目，整个人都鸡血满满，就跟听到了隆隆的擂鼓声一样，恨不得马上自己上阵。商场如战场，原来外面的商业世界是如此残酷，每个人都要尽自己百分之两百的力量去全力争取每一个机会，要不然下一个被淘汰的人就是你！

一年后的夏天，我准备跳槽到另一家公司工作。最后一轮面试中，当时新公司让我飞到新加坡去见他们的亚太区 HR 总裁。因为面试定在下午，当天上午窝在酒店里，无所事事、紧张不安之中，我把拷在电脑硬盘上的《学徒》翻出来看了几集。

看完之后，紧张情绪消失，整个人被重新打了鸡血似的，信心满满。下午顺利完成面试，最终拿到了那个工作 offer。

那个时候，我印象中的特朗普，懂商业、通人性，威严而又不失幽默，与人严厉而又不失温情；我甚至从他身上能看到中国传统文化中强调的某些特质。

我至今清楚地记得在某一季的大结局中，狂热的观众打出了一个标语"Trump for President（让特朗普当总统）"。那时候看到这一幕，觉得真是很娱乐。但是，历史总是在以自己的、让人难以捉摸的轨迹运行。历史翻到了 2016 年的 11 月 9 日，这一天，唐纳德·特朗普真的成为了美利坚合众国第 45 任总统。

附录

以下为本书部分作者的个人微信号:

1. 王曼,tracymwang
2. 赵玮任,fanfan2078
3. 袁寒林,kaixin365go
4. 胡林,qq569957227
5. Freda,fredashi0224
6. Baker,zhangyun0330

读书笔记

好书是俊杰之士的心血，智读汇为您精选上品好书

亲爱的读者朋友：

我们倡导学以致用、知行合一，特别推出互联网时代学习与成长的"三个一工程"——一书一课一社群。

1. 关注智读汇书友订阅号，回复试读本编号，即可阅读试读本。
2. 所有"智读汇·名师书苑"的精品图书背后，都有老师精品课程值得关注。希望到课堂现场聆听作者的智慧分享，请与我们联系。愿我们共同分享阅读、学习和成长的乐趣！

试读本编号	书名	作者	简介	定价（元）
011	教导型组织（最新版）	侯志奎	本书根据"教导模式"课程而来，至今已风靡近十年，影响波及东南亚，改变了数十万人的命运。	39.00
012	赢在薪酬	郑指梁 范 平	从战略、匹配、绩效、实操和工具五个层次，全面解读成功企业高效率薪酬体系设计！	45.00
013	这样开店赚翻天	刘俭文 杨 敬	书中每一个案例都源自于终端门店的第一线，每一种方法都经过门店一线员工的亲身检验，可谓是经营连锁裤装品牌必读宝典。	38.00
014	精英：未曾选择的路	星 辰	吹糠见米，为你详尽破解精英阶层走向成功的思维力、关系力和行动力！	39.80
015	解密 HRBP 发展与体系构建	徐升华	中国 HRBP 界第一本书，国际人力资源顶级大师 Dave Ulrich 鼎力推荐！	49.80
016	绩效增长：向绩效管理要利润的中国实践	江竹兵	本书已有 5000 多家企业学习，400000 名学员见证，解读行动成功王牌课程"绩效增长模式"！	49.80
017	让生命绽放	侯志奎	作者谈人生、谈事业、谈成功，向我们展示了一个充满灵性的生命旅程，具有思想启迪与行动指导意义。	45.00
018	成交宝典	汪 明	本书共 5 章，作者将为大家破解成为公众行销成交高手的秘密。书后附有学员见证和成交宝典 50 条语录。	39.80
019	走在梦想的路上	王鹏程	本书以小说生动细腻的笔触＋专业的职业生涯指导，写就一部毕业十年最感人职场与爱情双丰收励志小说！	39.80
020	南聊：南柏智慧箴言	南 柏	央视百家论坛大咖鲍鹏山、韩田鹿、郦波联袂推荐，已使成千上万企业家学员受益！	45.00
021	支点 撬动企业快速成长的黄金法则	李 骁	作者系统研究和借鉴现代管理营销，创新地提炼出了"支点理论"，并系统地阐述了其方法和运用法则！	45.00
022	培训进化论	张立志	本书融合 5 家企业大学案例，凝练 10 个学习设计模型，归纳 80 个实战工具图表。最实效的培训必读书！	49.90
023	精解 HRBP 实战案例·工具与方案	徐升华	《解密 HRBP 发展与体系构建》姊妹篇，更多实战案例、工具与方案，传统 HR 向 HRBP 转型必备工具书！	49.80
024	好预算定乾坤	方 岚	以对小说细节精雕细琢的匠心及作者二十多年的专业和权威，详解全面预算管理基本理论、实操细节、执行要点！	45.00
025	新三板市值管理	施淇丰 王 凯	新三板市值管理第一本书！已（拟）挂牌企业、券商、投资公司、基金公司、中小企业局新三板市值管理必备书！	68.00
026	全景营销	潘多英	本书大量实操性的工具、方法，都来源于一线实践，可以帮助系统思考、掌握工具，全面提升理论和操作素养	49.90
027	掘金母婴店	王 同	本书为母婴店开店选址、组货、与供应商合作、门店业绩等方方面面提供了翔实而有效的指导。	49.90
028	培训的力量	许盛华	培训为何以需求为导向，以及如何进行量化管理，本书有答案、有工具。这是互联网＋时代培训管理与创新必备指南。	58.00
029	秒懂逻辑	李伟希	本书从逻辑的起点开始，到形式逻辑的三大基本规律、三大基本推理，再到 19 种逻辑谬误等概念浅近直白地呈现出来。	49.90
030	案例即本质：工业品营销实战案例精解	丁兴良	本书所表述的是实际营销工作中攻与守的应对之策，对营销工作的日后开展具有一定的启迪和借鉴意义。	59.00

"智读汇·名师书苑"系列精品图书诚征优质书稿

智读汇创意出版中心以"内容+"为核心理念的教育图书出版平台，与出版社及社会各界强强联手，整合一流的内容资源，多年来在业内享有良好的信誉和口碑。现为《培训》杂志理事单位，及众多培训机构、讲师平台、商会和行业协会图书出版支持单位。

向致力于为中国企业发展奉献智慧，提供培训与咨询的培训师、咨询师诚征优质书稿。同时兼顾讲师品牌及课程价值塑造相关的音像光盘、微电影、电视讲座等。

咨询热线：021-61175958　13816981508（兼微信）

试读本编号	书名	作者	简介	定价（元）
031	营销总监成长记	闫治民	本书从业绩、管理方面，阐述了营销人如何从菜鸟到高手，展示了营销人的成长风采。	49.90
032	掘金网络大电影	林凯 谌秀峰	爱奇艺创始人、CEO龚宇隆重推荐！一本书读懂网络大电影创意策划、融资建组、拍摄剪辑、宣发上线的秘籍。	42.00
033	搞定不确定：行动学习给你答案	石鑫	通过案例和理论相结合的方式进行全景式的深度解剖和分析。案例丰富，分析透彻。	49.90
034	横渡，不一样的人生	史振钧 等	一本描写那些徒手横渡琼州海峡的牛人们的励志书，是献给横渡爱好者、游泳爱好者、运动爱好者们的礼物。	49.90
035	灵魂有血性的男人	徐利伟	他的卓越，让他成为世界第一名的销售大师乔·吉拉德唯一亲自颁发自己随身佩戴的NO.1勋章的顶尖销售大师！	49.90
036	地产喧嚣十八年	曹春尧	编年体房地产当代史书，历史泼墨中面和点、线勾勒，翔实、简洁共容，人物与政策、事件联通，缘由、经过和结果贯穿。	68.00
037	向3M学创新	梁家广 甘德林	这是一本向3M光辉创新历史致敬的书，也是作者为回归创新初心而写的作品。	49.90
038	为自己代言：魅力演说的终极心法	杨林	本书通过演说智慧、销讲智慧、导师智慧、领袖智慧帮助企业家提高演讲水平，更好地"为自己代言"。	45.00
040	赢销特种兵	萧金城	精心提炼19条业绩倍增实战宝典，营销本质一看就懂；匠心设计19道业绩倍增思考练习，能力提升一学就会。	49.80
041	阿米巴经营领先之道	宗英涛	本书是一个阿米巴经营顾问的咨询感悟，一本中国企业阿米巴经营落地教材，一把打开阿米巴经营宝库的金钥匙。	59.90
042	金融战争的奥秘	田凯	金融爱好者的知乎宝典，金融从业者的头条秘籍，一本书读懂金融战争背后的金融学。	59.90
043	翟杰论说鬼谷子	翟杰	"翟杰国学智慧三部曲"系列丛书之一，全面详解《鬼谷子》智慧，中国教育艺术泰斗、国学大师李燕杰教授倾力推荐。	45.00
044	世界500强绩效管理你学得会	姚琼	全球绩效管理的新实践、新理论、新工具，独家精解Google等硅谷公司OKRs的成功秘籍。	49.90
045	视频微课实战胜经	张海 范国玉	移动学习时代微课教学设计、拍摄录制、剪辑制作完全指导手册。	59.90
046	企业基因图	尹玉龙	一张图告诉拟创业和已创业的老板经营企业的奥秘，至少让你少走5年的弯路。	59.90
047	让爱回家：幸福可以来"规画"	连亮 姜萍	让更多的家长能简单有效地掌握家庭教育的方向和方法，让家庭更和谐，增加家庭的幸福感，提升全民的整体素质和生命的品质。	49.90

* 更多试读本尽在智读汇书友订阅号。

关注智读汇书友公众号，好书不断，福利连连

1. 好书周周送
2. 精选推荐书单
3. 精彩内容抢先读
4. 获赠作者签名本
5. 其他意外惊喜

购书通道

智读汇书友公众号

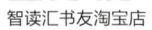
智读汇书友淘宝店

智读汇书友微店